英國進步主義教育運動代表

珀西·南恩

的「教育原理」

天性和教養、自我的生長、模仿趨向、學校和個人，著名科學家不朽的教育思想

Percy Nunn

珀西·南恩 ——著

孔謐 ——譯

《教育原理》堪稱英國進步主義教育運動的聖經，
更是兩次世界大戰期間英國中小學教師必讀書籍！
本書從珀西·南恩的著作中精選若干篇文章結集而成——

目錄

CONTENTS

前言

　　湯瑪斯·珀西·南恩（Sir Thomas Percy Nunn，西元 1870 年 12 月 28 日～ 1944 年 12 月 14 日）是 20 世紀上半期英國傑出著名的教育理論家、哲學家和科學家，英國進步主義教育運動的理論優秀代表。

　　西元 1870 年，珀西·南恩生於英國布里斯托的一個教師世家，他的祖父也當過教師，父親曾在當地辦了一所私人學校，因此有人說，珀西·南恩一出生，手裡就握著粉筆。珀西·南恩小時候在父親創辦的學校接受教育，童年時期的他很喜歡製作教具，從小就顯露出對教育事業的熱愛。珀西·南恩從這所學校畢業後，前往布里斯托大學就讀。在大學讀書期間，他依然對父親學校的教學工作給予幫助。西元 1890 年，珀西·南恩的父親去世，繼承父業的珀西·南恩接辦了他的學校。也是在這一年，珀西·南恩獲得倫敦大學理學士學位，後來，他先後在哈利法克斯文法學校、威廉·艾利斯文法學校擔當數理教師。西元 1895 年，珀西·南恩獲得了倫敦大學文學士學位。

　　1903 年，珀西·南恩在新成立的倫敦師範學院任

PREFACE

教，出任數學和科學教學法教師。珀西・南恩邏輯思維能力清晰，擅長將自己的思想表達出來，他的講座不僅令未來教師們傾倒，也獲得了同行們的讚譽。珀西・南恩不僅具有傑出的教學才能還有良好的組織才能，為人還很謙遜、穩重，待人和善、有禮，性格開朗坦率，尊重同事、平易近人，獲得人們的尊重與愛戴。1905 年，眾望所歸的珀西・南恩被任命為倫敦師範學院副院長，1922 年出任院長。1932 年，倫敦師範學院被倫敦大學合併，成為倫敦大學教育學院，珀西・南恩繼續出任院長一直到 1936 年退休。珀西・南恩擔任倫敦大學教授及教育學院院長的幾十年，為學院的一步步發展壯大做出了卓越的貢獻，因為有些西方學者認為，珀西・南恩是倫敦大學教育學院的奠基人。1930 年，珀西・南恩以其在英國中學理科教育、高等師範教育還有教育理論建設方面的傑出貢獻，被封為爵士。

1936 年，珀西・南恩退休後，因健康原因長期在大西洋上的葡屬馬德拉島休養。1944 年，珀西・南恩與世長辭，享年 74 歲。

珀西・南恩近半個世紀都在中學、大學從事教學工作，是一位傑出的教育理論家，在教育、數學、物理、化學、音樂等很多領域，珀西・南恩都頗有心得。珀

西·南恩在教育理論領域最著名的成就就是他提出的「生物起源理論」，他認為教育是一個生物學過程，動物界也是有教育的，教育的起源在於生物的衝動，是一種本能的行為，教學過程即是按生物學規律進行的本能過程。珀西·南恩認為，一切教育的根本目的，都在於協助學生盡可能實現最高度的個人發展，個性能否獲得自由發展，是用來評價教育計畫的最高準則。

珀西·南恩一生著述頗豐，他最主要的著作《教育原理》於 1920 年出版，堪稱英國進步主義教育運動的「聖經」，在兩次世界大戰期間，《教育原理》是英國中小學教師的必讀書籍之一。他的其他著作還有《代數教學》、《化學初級讀物》、《愛因斯坦理論的理想主義解釋》、《相對論與萬有引力 —— 初論愛因斯坦理論》、《20世紀自由教育的意義》等等。本書即是從珀西·南恩的著作中精選若干篇文章結集而成，希望讀者可以從中領略這位教育大家不朽的教育思想。

PREFACE

第一章　教育的目的

第一章　教育的目的

　　偉人亞里斯多德曾在他的一本名著的序裡說：「每種藝術都聯想以某種善為目的。」我們本書所探究的教育，當然就是一種藝術。所以，一開始就詢問它是以哪種善為目的，這是合乎情理的。

　　關於這個問題，不免有一些自認為是正確的答案。甲說，教育的目的主要在於品格的薰陶；乙說它在於籌備完美的生活；丙說在於造就有利於健全身體的健全精神。類似這樣的回答數不勝數。幾乎所有的都好，但當我們繼續追問下去，到底是「陶冶」什麼品格？怎麼去「完善生活」，都涵蓋哪些活動？所謂健全的精神的標準又是什麼？我們不難發現，就像基汀（M. W. Keatinge）敏銳的指出的，那些為教育所提出一個廣泛目的的意圖，結局常常是一種遐想。這多數是因為這樣的事實，每個人都能在較大的領域裡隨意的解釋。就像甲所以為的良好品格，在乙看來就變得荒唐可笑或令人厭煩；丙所理解的完備的生活，對丁來說也許是精神的泯滅；對於戊所推崇的健全的精神寓於健全的身體，但己認為這就像假學者的心靈寄託在野蠻人的身體裡一樣。對於這些事實，一個總是喜歡嘲笑的人就會說，我們引用格言的真正作用，只不過是在字裡行間，隱沒了教育信念和那些實踐上不能融合、無法公布的根本意義上嚴重的分歧。

　　這些所謂不幸的分歧，它的源頭是很容易發現的。每個

教育計畫，歸根究柢是一種實踐哲學，一定接觸到生活的每一個方面。所以，任何一個教育目的，如果詳細到可以提供準確的指導，都與生活理想有關聯，並且，因為生活理想是永遠不可能相同的，它們所矛盾的都將在教育理論中反映出來。舉例，假設「希臘人的人生觀」與清教徒改革者的人生觀互相矛盾，想要在它們所形成的教育理念之間獲得調和是勞而無功的。並且，我們不但可以說，任何一個生活理想都不曾長期有一無二的統領過文明的人類，就算它們都屬於同一種族和同一民族；我們也一定認可，一個理想中有著許多的掛名伴隨者，經常會有敵視的派系、猜忌的依賴者和神祕的抗爭者。所以，教育的先行者們不停的互相攻擊，而平常人則不知所措，這沒什麼可奇怪的。

困難的根本原因毫無疑問在於人類複雜的天性，特別是關於人類天性的一個最令人疑惑的相互牴觸的理論。從這個觀點出發，人們就好像海島上孤單的居民，每個人之間都存在望塵莫及的海洋。比如，我們的精神便可以稱為利用我們嘴唇發出的聲音與手指所寫出的印刷的符號委婉的、呆板的交流，可我們之間並沒有直接的往來，也沒有共同的存在：你就是你，而我也永遠是我。但換一種觀點來說，人們卻又是互相依靠，成為一個整體。在我們來到這個世界上，我們都是赤裸著身體，而我們的心靈也是空著的。就像我們的身

第一章 教育的目的

體需要依賴別人的雙手才會有衣穿，我們的心靈也需要依靠他人的心靈才會有內容。丟掉這些借來的東西，我們絕大多數就不能生存，當然也不能稱之為人了。

在人們用哲學來表達生活時，若生活上各種衝突這一方面不是他們所特別強調的，那特別強調就是另一方面。霍布斯（Thomas Hobbes，西元 1588 ～ 1679 年）一本名著《利維坦》（*Leviathan*，西元 1651 年）的內容就是下面所表達理論的經典闡述：在自然狀態下，每個人都是單獨的和自力更生的個體，每個人都經久不衰的和剩下所有的人進行著抗爭。按照霍布斯所說的，只有在部分人相互結盟，把他們所擁有的個人權利（除了自我保存的權利以外），給予為他們共同的安全和利益而行使職權的最高代表權力機構時，才能防止這種遍及的爭鬥。「那個以共和國或國家來命名的大利維坦」便從此誕生。黑格爾（Hegel，西元 1770 ～ 1831 年）的哲學，對歐洲大陸的政治思想和政治活動有著強大的感染力，在他的哲學中，霍布斯所表達的順序完全被顛倒了：社會並不是人們發明的產物，而是人們精神所存在的根本。社會被看作一種死板的國家形式，它是一種超越人類的實體，部分的生命不過是這個實體的臨時的一個分子，它是一個生生不息的精神生命，個別的精神包括它自身的意志和良心，都是在它這裡獲取現實的意義。

我們可以這麼來說，在我們當中總是存在動搖在這兩個極端理論上的爭辯，只因為這種爭辯還是會或多或少的影響著多數人對教育存在的態度，如若他們被這些人稱為哲學家，他們是會感到驚訝的。簡單來說，值得爭論的問題是：一個孩子是應當為了他自己去受教育呢？還是應當為服務國家（或社會）而受教育呢？又或是應當為了這兩個結合在一起的目的而受教育呢？所以，我們的首要任務就是要在研究這個問題開始盡所能準確的表達我們的態度。

　　人類是社會的動物，讓他成為社會動物的「合群本能」，是一切文明和人類一切價值的根源，這是一種老生常談的問題了。並不需要重提致使這個深遠結論的許多論證。人之所以能稱之為人，是因為面對社會環境所做出的各種反應的結果──他和他的家人的互動對他產生的影響，同學和老師、同伴和對手、朋友和敵人、雇主和雇工對他的影響，這是十分清晰的。並且，「社會遺傳」── 一個民族具有的所有傳統文化和文物制度 ── 對於每個人身心智力的發育和結構的深遠影響，也是可以輕鬆辨別的。要否定或看低這些顯著的事實，就是證明對現實的愚昧。但當我們思考許多思想家在這些事實中所得出的推論，不難看到，一個人認可什麼，就一定要謹慎小心。所以，不能因而就說社會具有「普遍的心智」，除非把這稱為一個比喻，或者有什麼特殊的含義。的

第一章　教育的目的

確，唯一存在的心智就是每個公民的心智。但不能因而就說每個人的所有職能在於為「大利維坦」就是所謂共同體的人格的利益效勞，又或是在於擴展他的光芒。在這些意義上爭論的政治家或哲學家們，他們損傷和危害的倒置了價值標準，使他們自己偏離了軌道。在他們看來，鑄模的價值遠超過所鑄造的東西，他們幾乎認為金子就是為了壓模器才存在，並不是壓模器為了把金子鑄造成型而存在。民主思想會本能的拒絕去接納這種態度。當然，在他看來，民族的傳統和制度存在永久性，這就會讓個人生命顯得格外細小。它承認這些傳統和制度一般都是高貴而嚴肅的，也承認個人生命老是像霍布斯所說的那樣，是貧困、骯髒、粗野而且短暫的。但它認為，之所以民族傳統和制度重要，只是因為它們在形成個人生命的優良形式有著強大的作用，在宏偉莊重的傳統面前，它不想遺失自己現實的感受。我們務必相信，只有這樣的本能才是健全的。如若它是健全的，那麼在它那裡得來的教育法則就是不容置疑的。我們必須保持，一種教育計畫最後的評價一定是它根據受教育者的可能去培養他們每個人的最高才智的成績來判斷的。

對於這本書我們所想提出的就是這樣一個道理，並且會把它當作一個穩定教育政策的基礎。我們會永遠站在這樣的一個立場上，人類社會就只是在一個個男男女女的無拘無束

的活動之中，並且除了這些自由活動以外，不會再出現其他什麼善了，教育實踐務必按照這個真理來規劃。而且這個觀點並不會否定或看低一個人對他的同族的責任，由於每個人的生命只能按照自己的本性去生長，而它的本性既是社會性的，又是「自尊」性的。這個觀點也沒有否定傳統和紀律的價值，或者排除宗教的影響。但它確確實實否定了任何超人的實體的存在，否認了單獨的生命本身不過就是一個無關緊要的分子。這個觀點保持每個人的無限價值，維持了每個人對自己命運的最終責任，而且接納了這個看法所包含的一切實質的結論。

現在回過頭看前面的一段話，我們可以換一種方式來表達我們的態度。雖然每個人都習慣在別人的靈感上來攝取自己的生活理想，不過，也可以十分確定的說，每個人必須擁有他自己特別的理想。這就像是一件藝術作品 —— 例如，一首詩 —— 具備它自己的理想，意義也是一樣的。一個認為自己丟失了創造熱情的詩人，肯定不會拿著另一首詩說：「這就是我想要寫的詩。」他的理想是詳細的，如果有所表示，就會在他的詩篇中表現出來，而不表現在其他的詩篇中。這象徵著他的作品並沒有達到的完美成就，而不是那些其他作品所達到或有可能達到的標準。因此我們說，如若教育的目的要包括生活理想的每一個主張，那就一定不會有一個遍及的

第一章　教育的目的

教育目的，因為世界上存在多少人就會有多少個生活理想。教育上的所有努力，幾乎都必須限於為每個人獲取使個性以最完備的發展的條件 —— 換句話說，限於使他對具有變化的整個人類生活做出本能所認可的盡所能充分而又具有特色的創造性的付出。對於這種付出所取的形式，就一定要由每個人在生活中和自己透過生活去創造。

我們需要立即探索這個觀點是否為人類發展的事實所證實 —— 也可以說，它是確立在扎實的自然的基礎上，又或是僅僅梳理在僅存的遐想上。這會是我們在接下來各章的任務。與此同時，點明這個觀點的某些後果，破除它可能會遇到的某些誤解，這是有好處的。

我們綜上所簡單提出的道理，在圓滿的生活理想和不好的生活理想之間看起來也許沒有什麼差別 —— 在應該激勵的個性形式和應當阻止的個性形式之間可能也沒有什麼差別。這我們就要問了，一個教師是不是應該以一視同仁的同情心去造就任何一種性格而不需要問它的德行價值呢？若回答這個問題，常識是我們牢靠的嚮導，雖然它有時不是頭腦清晰的嚮導。它的答案是「不」。要擴充和說明這個回答而不觸及以下每章的內容，並不是個容易的事。但是，有件顯然的事，那就是：不要在一個孩子剛誕生時就給予最終他會提出的要求並且終歸必須承擔的自我責任。學校和家庭的存

在，預示著一種共同的責任，老師和家長們都要承擔一部分
責任 —— 在開始時要擔負主要責任。隨著孩子年齡的增長，
個性發展的途徑慢慢形成和穩定時，他們所擔負的責任就逐
步減輕。在道德領域的範圍裡，家長和老師的主要責任，在
於讓孩子成長的小小世界盡可能具備滿足形成良好的個性的
因素，並且除去其他的因素。因為這裡我們允許一種不是孩
子自己的判斷 —— 而且常常是存在瑕疵和誤差的判斷，我們
固然束縛了孩子自我創造性生長的抽象的自由。但這種束縛
是生活在所難免的條件的一部分。一個建築師只能運用供其
使用的原料來建築房屋。不過他仍然可以依據他的智慧自由
的使用這些材料。同理，一所學校的學習和鍛鍊，儘管必須
代表當下所認為具有重要價值的文化的與道德的傳統，但它
們還應當留出充分的餘步，來促進個性的自由發展，需要有
形形色色的人來組成一個世界，每個人越是能發展自己的特
長，這個世界就越是豐富。乃至在道德規則裡不單單是准許
性而是必須徹底遵從的方面，遵從的方式也是數不勝數的。
比如有人是這樣表達的，在英國，汽車司機開車是在左側，
最能表現他喜愛他的鄰居。這一點並不用多解釋。很明顯，
可以交匯良好的和無可厚非的行動的生活方式也是無窮的，
但想要事先制訂出任何一種完美生活方式的詳細原則，這是
不可能的。

第一章　教育的目的

　　我們還能進一步提出，一個嚴謹的老師必定會注意不是迫不得已不多使用禁止的辦法。要事先看到一個嶄新的個性、一種嶄新的思想或行動的展現方式是否最終會使世界的真實財產有所增多或減少，極少會有比這還要困難的事情了。把只是違背我們的落後私見的東西，指責它違反真、善或者美，到底是很簡單的事。我們知道，回首以前，人們是何等的籌劃抑制創造性的活動，並且這種活動所得的結果在最後也證明了財富是人類最珍惜的。我們必須提示自己 —— 這對於教師來說或許比平常人更加主要 —— 這些「陳舊的、悲慘且遙遠的事情」，現在也會時常在一些繁瑣的事情上，時常在十分要緊的事情上，不間斷的反覆出現，又或是發生和它們相似的事情。一個最近、最非常而又最要緊的例子，便是英國婦女透過長期奮鬥，在維多利亞時代所在的服從地位近期獲得的男女平等的偉大成果。考察一下過去兩個世紀以來在藝術、科學、音樂、教育、政治和道德等思想方面的各類活動，不難發現很多其他有教育道理的事情。所以，一個教師最好可以牢記迦瑪列（Gamaliel）的忠告，不要有時發生違反上帝的事情。尤其在說社會義務時，一定要謹慎，不要把學生限制在古老的課本領域內。實施社會義務，有很多方法可以採用，人類精神在它活動的這個領域或者那個領域內可以做些什麼，沒有人能事先看到，也沒有任何人可以為

它制定範疇。一個勇敢並且有力量的人，他的個性剛開始也許和社會制度自身的存在不融合，但最終提升了社會組織的整體道德品質。而且，一個沒有多麼勇敢的人，最豐富的、最確切的展現自己，就可以最好的服務社會。綜上，最能展現社會對於每個成員的需求的，並不在於將每個人盡量培育得和其他人不差分毫，而在於像鮑桑葵（B. Bosanquet，西元1848～1923年）所說的：「他可以把自己當成集中在他身上的才華和四周事物的接班人，他的任務就是讓它們表現最大的能力。」

讀者應該已經留意到了，一直到現在我們也沒有指出過這樣的問題，社會（或者準確的說國家）在緊急的時刻，能否可以要求成員暫停更甚最後捨棄個人的發展來服務社會？關於這個問題的答案若是確定的，這樣會不會極大的減弱我們結論的整體力量呢？我們的答案也許是，在兩次恐怖的世界大戰中，對許多人來說，這種犧牲的確是他們自我盡職的勇敢結果。儘管這個答案正確，但要是用護士卡維爾（Cavell）的話來表達，這個答案「並不充分」。我們必須堅定這樣的宗旨，人類並不一定要永遠容忍目前的磨難，若是人類有防止這些災難的意識，它的優秀人物必然會探索出一條途徑。但是，如果憧憬一個世界，在這個世界裡，所有人的善一定比現在越發接近於每個人的善，如若這個世界是正當的，那

第一章　教育的目的

麼，盡最大能力使這個嚮往變成現實，也是正當的。所以，教育的職責，除了強化他們對個性的價值感，教導他們尊崇個人生活，真正實現不把它當作個人的財產，而是當作世界上獲取真正價值的唯一方式，沒有什麼會比這個工作更加主要的。我們可以斷定，自由的最堅實的碉堡，抵抗暴力管轄的最扎實的保證就在這裡。

有的人認為我們這個道理的意願是友善的，覺得滿足，但是他們疑惑這種企圖是否貼合實際。這個道理，若是說不號召為每個學生建一所學校，難道不最少呼籲為每個學生編排一種課程嗎？在這裡，我們依然堅持，我們並不願去更改人類生存所不能夠更改的條件，而只想足夠利用這些條件。唯有在社會的氛圍中，在共同喜好和共同活動獲得營養，個性才得以發展。卻斯特頓（G. K. Chesterton，西元 1874 ～ 1936 年）所闡述關於藝術家的一些話，實際上對每一個人都適用：「他面對他的時代的立場就是他的性格，人們在孤獨的時候永遠不會稱之為個人。」我們所號召的就是，性格在共同生活的範疇裡，應該依據它自己的路徑充分發揚的自由，不應因為外來勢力的介入而不能達成它的理想的方向。在這種處境下，一些男孩和女孩從出生就表現出是一種退隱江湖式的人，他們應當有自由成為這種人，這是契合共同利益的。但是民眾和英雄擁有這樣強勁的影響，導致很少有人會

在他們成長中偏離確定的型式。整體來說，性格和古怪並非是同一件事。教師們並沒有號召有意去創造個性，就要求讓它從每個孩子的天性材料中沒有阻擋的成長起來，根據這個天性可能包括的任何健壯的或者弱小的力量形成起來。

　　英國人在他們整體歷史上倔強的遵循著個人自由，拒絕把它和任何好像美好卻實則虛假的善有往來，這是他們所共同自豪的。對於他們也許會提出的最嚴峻的指責。是他們拒絕給予別人同樣的自由，有時違反了他們自己的看法。對待自由的這個劃時代性的要求，若不是依據下面這個被一些人含糊的看到、被另一些人清晰的了解的真理——每一個人依照自己的方法來解決一生的事業的自由，而且充分的運用這種自由，是自然所認可、理智所允許的遍及的理想；而其餘理想的對人揮手的微光，不過只是這個理想散發的光罷了——如若不是依據這樣的真諦，又有什麼其他的根基呢？說句真的，如此的自由，倘若說不是所有崇尚美德的泉源，就是所有崇尚美德的前提。擺脫了自由，責任沒有意義，自我捨身沒有價值，職權沒有管制作用。自由對每個民族之間的兄弟關係供應一個牢靠的根基，這是人們團結起來建造天國的唯一根基。所以，我們是否勇於採納一個較低的理想，我們能否尋到一個較高的理想，來當作我們教育上的啟發和嚮導呢？

第一章　教育的目的

我們極大努力的偉大目標，

是精神上的成就，是個體的價值，

不顧所有代價去探索，

不顧所有代價去追尋，

不顧所有代價去獲得，

不顧所有代價去證明。

　　——《述美篇》，第二篇，第 204 ～ 207 行。

第二章　遊戲

第二章　遊戲

　　兒童的創造性活動，像守舊性活動一樣，具備一個經典的、顯然的表達形式。這個形式就是遊戲。

　　遊戲的靈魂是一個高深莫測的、擅長躲避的幽靈，它的作用可以在最難預想到的許多生活角落裡摸索到。可是，每一個人都認可，兒童期是它的獨特的範疇，而且認為它存在兒童的各類活動中，這些活動的獨特象徵就是它們的自發性，便是它們對外界需求和緊張相應的獨立性。正是因為這個道理，遊戲經常被理解為「多餘精力」的表現。也可以說，在兒童和青少年階段，有機體所可以運用的身體的和心理的元氣，多於它單單自我保存或身體發展的需求，而且大多數以遊戲的方式來消磨這種餘下的精力。

　　依據這個看法，正在做遊戲的兒童可以看成一個火車頭，它在煤獲取的能量多於拉列車的需求，所以被動「釋放蒸汽」。然而，這個比方在一個首要方面是存在弊端的。在近現代的火車頭，運動並不需要的能量，一部分用來抽空真空制動機和供給列車暖氣。不需要過分的想像我們就可以假設，剩餘能量的使用可以相對的加以擴大。比如，火車司機可以不在車站釋放蒸汽，而把蒸汽引至乘務員車上的回轉印刷機，在這裡可以印刷少數的下個月的列車時刻表。不過，最靈動的想像也不可能想到它可以用來改進機車自身，提升鍋爐管的工作效能，也可以強化活塞、彎軸和車輪之間的合

作關係。只是在身心有機體，遊戲正做著和這類似的事情。在遊戲中——起初是當嬰兒躺在搖籃裡擺弄手臂、腿和手指，接著是跑來跑去的遊戲，最後是在操場上和戶外的正式競賽遊戲——兒童漸漸的掌控他自己的身體，而且把對身體的掌控擴大到最大範圍。又或是，他在遊戲中挖掘和磨練他的天分和智慧，而且常常發現未來在他成人生活中占重要地位的各類興趣。最後，這也是一件小事，就像古希臘生活和品德的理想是由龐大的競賽遊戲和節日活動培育和宣揚的，因此，今天許多男孩幾乎在青年期的團體遊戲中發覺和建構起他的品德的和社會的自我。這種說法越來越適合女孩。

這些熟知的事實都表達一個真理，那就是，遊戲活動遵從一個普遍的法則：自發活動如若沒有受到不良處境的打擊或制止時，是偏向於形式日漸完美，表現力愈加完備，以及越發高度的多樣性中的一致性。所以我們得出這樣的結論，就是大自然創造遊戲，不但作為沒有損害的解決幼小動物剩下精力的方法，而且作為使用這種精力計劃他參加莊重的生活的一種方式。

這個對於遊戲的生物學的效率觀，馬勒伯朗士（Nicholas Malebranche，西元 1638 ～ 1715 年）在很久之前就指出過。不過，最先充分的闡述這個觀點並維護這個觀點的是谷魯斯（Karl Groos，西元 1861 ～ 1946 年）。谷魯斯的理論依據兩

種考察。他最先注意到，遊戲限制在這樣一些動物，牠們在誕生時的發展還不充足，沒有母體的扶持和維護，還不能夠面對生活上的很多磨難。新生的小狗雙目不明，無依無靠，感受幾個月真正的遊戲；孵育了幾分鐘的小雞，就可以拾起穀子或捕捉蟲類，因此自始就喜愛一種簡直是清教徒式的嚴格行為。再者，谷魯斯要我們考察，在動物遊戲時，牠經常在遊戲中效仿未來成長時的莊重的活動。小貓獲取毛線球，因為牠以後要搜捕小老鼠；小狗追趕和躲藏牠的弟兄，因為牠以後要追趕和閃避牠捕捉的動物和仇敵。一旦了解這些結果，就方便解釋了。動物童年時代的遊戲，是高等動物獲取生活戰鬥的有效設備的生物學的方法。谷魯斯有趣的說，如果說動物年輕，因而有遊戲，以計劃自己從事成年生活的穩重事務，不如乾脆說動物需要遊戲，來籌備從事成年生活的嚴穆事務，因此牠們年輕。

要想這種解釋擴展到兒童期的遊戲，並不是那麼艱難。一個小女孩痴迷於她的娃娃玩具，這是遊戲活動很好的案例，這種活動明顯預測著成人生活的嚴穆事務。在每一個世代和各色兒童之間所時常不斷的出現的其他遊戲，也可以採取同樣的解釋。可是，在遊戲方面，與在所有心理現象相同，人和低等動物有十分大的差別。成年的低等動物，牠們很少活動，活動的方式比較穩定。因而，每種動物的遊戲都

是古板的，極少有轉變。另一方面，牠們的成年生活也不是很穩定的。因此，雖說自然叮囑幼小動物在遊戲中正好演習牠未來一定需要的一些活動，可是對於兒童激勵他更甚在嬰兒期就嘗試各式各樣的運動和多數效仿別人的或自己創造的作業，當他年齡的增長，而且激勵他做這樣的遊戲，就假設自己是郵遞員、水手、飛行員、大動物獵手，乃至效仿其他吸引人的各類生活方式。這樣我們就可以證實兒童期的一般特點、不停的「設想」的生物學原理。

因此，依據谷魯斯的見解，從生物學方面來思考遊戲是預期性的。依據另一個解釋者霍爾（Hall）的看法，把遊戲當成回憶性的常常比較準確。他覺得，兒童的遊戲單單是每個人的生活所表達的複演種族歷史的偶爾一些小事。比方，一個九歲的男孩專注於幻想的狩獵和殺戮，像這個年紀所獨有的身形一樣，是人類成長史上很久以前的矮人或桑人時期的短暫表現。這些成長史上的巧合的事，對待成人的需求並不比蝌蚪的尾巴關於青蛙的需求擁有更直接的道理。只是，霍爾認為，牠們在特定時間短暫的出現在健康的成人看來，還是需要的，就像青蛙必須先長出一個蝌蚪尾巴，之後丟掉尾巴，寓居下來變成當之無愧的青蛙一樣。

在我們問，為何兒童期的遊戲還這樣維持著種族史冊上最好遺忘的那些時期的記憶，用生物學方面來說，理由到底

在哪裡？霍爾叮囑我們說，他們在活動時，常常擁有發洩作用。人不能徹底掙脫舊時任性妄為的偏向，並且遊戲就是一種技巧，讓這些偏向不失為害，並且讓它們轉化為有品德價值的鼓動。

　　我們可以假設，這兩種理論是相互補償而不是相互對抗的。因此，自發性遊戲的經典特點，可能的確往往來自古時成人的生活，並且這些種族的記憶，因為它們對現代成人生活擁有直接的價值，因此確實還能在每個時代被喚醒。若是這種觀點是正確的，所以我們就可以依據詳細情況，同時採取這兩種理論。比如，霍爾的看法對於解釋就像舞蹈和戶外遊戲這種根本上隸屬動作表象的遊戲最有幫助。他的一句格言「遊戲是動作傳播的最單純的表現」，非常讓人有啟迪。這句話直接致使這樣的想法，就是把表演、律動舞蹈體操和舞蹈替代某些較為正式的體育活動，不但足夠幫助英國人讓娛樂活動多輕鬆一些，而且或許是掌控他們從祖先遺留下來的身體的最好方法。另一方面，當遊戲觸及智力並不是身體的遊戲時，谷魯斯的解釋在教育者的看法來看越發有啟迪，同時我們可以看到，也越發有功效。

　　「剩餘精力說」雖然讓人有啟迪，可是它在傳統形式上，並不能闡明所有問題。

　　比如，一個疲憊的孩子，當無聊的散步改成捉迷藏遊戲

時，他忘了他疼痛的兩腿，或是一個疲勞的成人，玩一下彈珠遊戲或者高爾夫球，回到工作感到神清氣爽。很明顯，在這兩個事例中，遊戲並不是發洩剩餘精力的途徑，而是新的精力藉機供應有機體應用的方法。依照平時的解釋，這種「娛樂性」遊戲的效率，在於它運用了神經系統部分新的區域的精力，而且使力量消耗完的區域有時間消除在這些區域積存起來的化學毒物，藉形成代謝作用填補其虧損。這裡所舉的事例，尤其是前者，闡明這種解釋是很不充分的。兒童在遊戲的作用下，不但持續從事已經讓他感到疲憊的活動，並且實質上運用了兩倍多的精力。

從麥克杜格爾（McDougall）很多對心理學和教育有功績的、長遠的、讓人有啟迪的思想中，也許能得到更好的解釋。麥克杜格爾在一篇有名的關於疲勞的研究中，引用很多例子，證實我們在某種工作上所可以消磨的精力，不一定受限於直接和形成這種精力有關的組織投入行動的精力大多長時間支撐著的活動，不然這種活動從其他根源獲取精力的填充，投入活動，就很難理解。這些其他根源是作為動物和人類行為的主要起源的天生傾向（或本能）。可以覺得，在娛樂性遊戲中，我們有實質上和麥克杜格爾所描述的同樣的表象。通常相應的激動沒有充足精力來達成的任務，就運用從大量遺留得來的痕跡組合吸收精力來處理。因而，在一次河

第二章　遊戲

上郊遊中所遭遇的難題，或許因為從細微而完全有意識的談情說愛得來的精力愉悅的容忍過去。因此，在一個班上排名在後的男孩，在組合拉丁文成績競賽中，也可以獲得優異的成績。

　　遊戲活動中的「競賽遊戲」和「室外運動」常常稱作娛樂活動，可以假設它們常執行我們所稱之的娛樂性遊戲的機能。不過，應該留意到，首先，它們常常只看成直接發洩剩餘精力的方式；其次，它們經常執行一種既區別於發洩剩餘精力又區別於娛樂的本能 —— 這種本能最好稱作「鬆弛」（relaxation）。要了解鬆弛在生物學上的含義，我們必須事先看到，競賽遊戲例如足球和舞蹈，戶外運動例如打獵和釣魚，都與發掘的或設想的遊戲有差別 —— 前一種遊戲是根據確定的公式或者規定來評判的活動，後一種遊戲明顯是隸屬霍爾返祖現象的理論的表現。因而，它們相同是直接用深深的立足於當事人的天生傾向的自然力作為根基的活動。換句話說，在競賽遊戲和室外運動中產生作用的籌畫體系是結實牢固的，並且擁有悠遠的歷史。這一結果，事先足夠表示它們輕易成為發洩剩餘精力的方式。同期還足夠表示它們在成人和青年中看成鬆弛的方式。從事工商業和各類專業的人們，他們的平常工作，尤其在高度構造起來的近現代社會，使有機體處在高度緊繃的狀況，由於這種工作需要保持極其

周密和巧妙的籌畫體系的活動。因此,當事人通常利用簡化生活來緩解緊繃狀況 —— 轉向需要比較簡單和比較結實牢固的策動體系的活動。他可以在競賽遊戲和室外運動中尋到這些活動。他也許離開他的辦公室去往高爾夫球場,又或是放下「業務」到僻靜的山村深處的河邊去垂釣。為了相同的理由,學生期盼這樣的時期,他可以規避課堂的被迫勞動或者學習,到操場或溪邊去遊戲。

　　充足的遊戲機會對於兒童健康的和歡快的發展毫無疑問是必需的。在幼兒園,兒童自在的和自願的遊戲幾個小時,偶爾獨自的玩,偶爾和別人一起玩。擅長洞察的教師留意到,這種遊戲的作用幾乎常常選擇一種方式,讓人回憶起佛洛伊德所描述的「強制重複」。這裡有兩個事例。

☐ 瑪麗,四歲,每天不願意洗澡,哭鬧得很嚴重,時常不能夠洗完澡,這讓她母親心煩,讓鄰居苦惱。在她進幼兒園之後,能夠看見她似乎經常玩著娃娃玩具,替它洗澡、洗頭髮並且擦乾。幾星期之後,當安心的母親到幼兒園感激老師對她的援助時,才發覺瑪麗自己選定的遊戲多少消除了她洗澡時的痛苦,因此她現在真正喜愛洗澡了。

☐ 佩娣,同樣四歲,是一個相對麻煩的例子,由於她有一種不好的習慣,把比她弱小的嬰兒推到地上,趴在他們

第二章　遊戲

身上，粗魯的擁抱他們，讓他們哭起來，之後使勁的更甚有危害的幫他們擦眼睛。不過，有一天，她被遊戲室裡的板刷和水桶所引誘，她立即霸占了它們，此後每天用很長時間，用力的擦地板而且擦去灑在地板上的水，而且因為找到這個任務，現在極少想去欺負幼年兒童，或者「掘」他們的眼睛了。

好像沒有理由猜疑像這些考察的表面價值，也可以說，在富有遊戲用具的幼兒園的安定、愉悅的環境中，一個孩子自己選定的活動能協助他糾正造成心理和行為反常的某些不正常的表現和糾葛。運用心理剖析方法對於幼年兒童的心理剖析家，並不停留在這一點。他們探索對兒童魯莽行為的基本解釋，而且常常發現他們的思維有時被他們的批判者猜疑擁有任何準確性。轉變一下論點，現在應當探究遊戲作為經驗的一種形勢的顯然象徵是什麼。對這個問題的答案常常是，遊戲是一種為了活動自身而不問最後有任何價值而舉行的活動，因此它和工作是對立的。在工作中，活動是為了活動之外的一些進一步的價值而舉行的。我們必須認同，這種看法擁有一定的準確性。一個成人經常這樣區分他的工作和遊戲，乃至年幼的兒童也許朦朧的了解這樣的差別。比如，考爾德柯特宿舍（Caldecott Community，為工人子弟建立的一所寄宿學校）的董事們透露：「之前有一個時候希望在工作

和遊戲之間不需要劃一條硬性的邊界，而作業（occupation）這個名詞可以一同包含學習活動和遊戲。可是，在教室裡，儘管兒童自己，也規定一定的工作準則，可在遊戲時是不要求什麼準則的。這好像就是工作和遊戲兩者之間的關鍵差別。」

這個觀點雖然有趣味而且重要，可是我們必須留意會從它擴充出什麼一般的論斷。比如，人人皆知，在我們國家的公學的學生，有時乃至公學的老師中，他們以為在活動自身之外有價值的是遊戲並不是工作，而且把要求很高的目的和有秩序的努力強加在參與遊戲的人。同期，在成人中，我們有很多音樂家和演員，他們接納「演員」的名義，不過若是有人認為他們的活動不存在價值，而且不受準則的控制，以為他們的「表演」不是工作，那麼，他們對待這些觀點，肯定會感到十分憤怒。

這些案例並不是一種不同或者有什麼不合法。它們只是有格外顯然的方式闡明布萊德雷（F. H. Bradley，西元 1846～1924 年）曾經所宣導的，不可能維持遊戲和工作之間的心理學的對峙。那麼，這個被否決的對立所闡明的差別，到底是什麼呢？這裡我們最好還是接納布萊德雷下一步的指令。依據他的了解，我們活動的心理學的色調主要因為兩個要素，這兩個要素用分別的比例展現在活動之中。這些要素之二，是從表面強加於當事者的要求；另一個要素就是它的自覺性。

第二章　遊戲

這兩個要素的差別，在任何活動 —— 像吃飯 —— 的剖析中都輕易表現出來。這個活動的關鍵動力，明顯是一種號令，沒有一個人能不管這個號令而可以存在。自然說：你一定要吃。只是，自然讓我們極少幸運的人有十分的自由去選擇我們吃的東西和吃的方式。我們既可以穿著拖鞋悠然自得的在家裡吃一塊豬排，我們還可以穿著禮服去一家大館子去吃八道菜的宴席。自覺性和外來限制之間的界線當然是每個人不同的。在昂貴的豐盛飯桌上，也許有不少人期盼著簡便的生活。他們抱怨波斯餐具，可是他們的生活處境使這些用具成為他吃飯時一個不可改變的要求。

在這個事例中，外來的管束是基本的。我不一定需要在這裡吃又或是這樣吃，可是我一定應該在一個什麼地方吃，以一種什麼形式吃。在其他形式的活動，控制活動的管束不是基本的。因此，若是我踢足球或者打橋牌，我必須遵照遊戲的規定，可是接受規定本身是自覺的。我可以不參與這種遊戲又或是說服我的夥伴採取一種新的規定的辦法，躲開那些規定。不過如果我選擇「參與遊戲」，我的自覺性就限制在規定認可，乃至我的對方的策略所認可的進擊、防禦和戰術上。相同，若是我選擇在排練哈姆雷特悲劇時飾演哈姆雷特，莎士比亞（Shakespeare）的劇本就作為一個限制的要求，而自覺性就限制於「解釋」作者的詩句。

我們所認同的遊戲和工作之間的對峙的有限定的正確性，它的根源就在這裡。如若一個人關於他的活動能夠要做就做，想放下就放下，或是可以隨便改變活動的要求，他就把它當成遊戲；若是這種活動是無法避免的肯定性所強迫於他的，或是如果他進行這種活動是因為責任感當作一種職業，他就把它看成工作。由於在前一種活動中，自覺性的支配幾乎沒有局限，可在第二種活動中，自覺性常受限制的要求的妨礙。不過，若是自覺性可以克服這些限制的要求，無論這個活動被稱作「遊戲」或是「工作」，經驗總是擁有遊戲所獨有的本質。從內部的見解來看，兩者實際上已經合二為一，不能區別了。因此，如若我是一個勝利的工程師，或者是一個能打動人的教師，又或者是一個有履歷的外科醫師，我的「工作」或許就擁有遊戲的所有特性；如若我是專業中的一個笨漢，工作大概會成為一個不能容忍的責任。整體來說，任何工作，對於一個輕車熟路、做起來覺得愉悅的人來說，它就成為遊戲了。

　　往往認為的「遊戲」和音樂和戲劇等藝術之間的關係，一些思想家，尤其是席勒（J. C. F. Schiller，西元1759～1805年）把它當成一種包含一切藝術在內的哲學的根本。藝術與遊戲的這種關係，絕不表示低估藝術家的職業。它是從牢靠的觀察出發的藝術的精神。像遊戲的精神一樣，都是自覺性的喜

悅應用。儘管詩人們「在憂慮中學到他們在詩歌中所教學的東西」，我們可以確定，他們關於自己可以把他們的煩惱轉化為簡單的和高尚的自我展現定會感覺到一種猛烈的、儘管是嚴穆的歡樂。進一步說，只有藝術在更高的嚴穆性和價值的水準上展現著精力的遵從於形勢，它就是遊戲的延續。就像一個真正的板球遊戲者，他的歡樂不在於只是消磨體力，並且在於用板球遊戲的傳統所限定的有秩序的方式展現他的力量，因此，畫家、音樂家、詩人和雕刻家的更加崇高的歡樂，正是透過「有意義的方式」勝利的展現他們的精神力量。所以我們可以預想，像席勒所深入考察到的，人們遊戲的本質將意味藝術的特點和價值。古代藝術的最高尚的成就隸屬於珍愛合於人道和健全的奧林匹克競賽遊戲的民族，並不包括酷愛格鬥場上恐怖的比賽的民族，這並不是巧合的。

　　讀者回想一下席勒的理論和我們在前一章所闡述的關於儀式的見解之間的關係是有好處的。同時我們應當注意莫里斯（William Morris，西元 1834 ～ 1896 年）和其他近現代作家，把基礎上和席勒的「純」藝術理論相符的理論運用到手工技能上。他們覺得手工技能的美是一種遊戲現象，由於手工技能往往是手工藝者在他嫻熟的進行他學會的手工藝經過中所感快樂的有秩序的展現。讓我們假設我們可以觀察到古老時代人類師傅把他們的天賦全力於某種工藝的早期時段——

比如，創造燧石武器或者陶壺。無論有多少本事匯集在那些發明上，毋庸置疑，往往處理發明上所指出的問題就把所有本事吸收了。最初的槍頭只是能夠刺穿野獸或者敵人身體的東西，最初的陶壺只是能夠盛水和耐熱的東西，不過當重複製作過程帶來對原料的技術和嫻熟時，往往解決問題所需要的精力慢慢少起來，卻有更多的精力能夠用於其他目的。這一理論以為，如若工匠喜愛他的工作，他的做事又被高尚的情緒所激勵，那麼剩餘精力無法避免的將展現為美。燧石武器、陶壺，不但是一種武器、一種陶壺，它們變得美了。

這個理論對美育擁有極大的意旨。它教育我們，形成美的力量並不是神吝惜的給一點點幸運的人們的賞賜，這是一種能力，這種能力的強與弱，和其他大多能力一樣，雖然每個人不一樣，但是和學習算術的能力一樣遍及。讓男女孩子們在緊張精力自然流露的要求下建造東西，使他們的社會環境是自在的、符合人道的，讓他們經過愉快的重複獲得嫻熟技巧，讓他們能擺布他們的材料 —— 而美將會無法避免的呈現在他們所建造的事物當中，儘管美的程度不全相稱。

我們接下來要換到遊戲的另一個要素，常常對這個要素十分強調 —— 「假想」（make-believe）的要素。在思考這個要素時，我們必須注意，就像溫奇（W. H. Winch）告誡我們的，不可以把兒童的遊戲理解為成人生活的情景。對成人心

理來說，幾乎沒有一種差別像莊嚴、嚴酷的客觀事實的世界與目的、思維和幻想的主觀世界之間的差別那樣明顯和清晰了。我們經常忘掉，兒童並不能發現現有的主客觀世界的差別，而是經過逐步的並且常常是痛苦的體驗發現有這種差別存在和它的本質。因此，就像溫奇所宣導的，很多歸於兒童想像能力的東西也許不是因為想像的改變能力，而是表現他們無知，沒有本領按照世界的真實面目來看他的領域世界。

在真實發現想像的地方，想像的作用能夠與病態心理上在兩個抗爭的情結或者兩個抗爭的思想和情緒的系統相矛盾時所產生的情況相比較。最習見的是一個情結或一種思想情緒的系統把另一個全數逐出注意領域外 —— 比如有一個婦人，她經常堅持她是固然的英國皇后，儘管她的皇后地位和她用來謀生的低劣的雜工職務是不相符的。尋常兒童在遊戲中，也有本領不顧向他思維真實性挑撥的客觀現實的處境。「他把一張椅子當作堡壘來圍剿，又或是當作一條龍凶猛的來砍，這張椅子，被人用來給一個早晨來的客人使用，他絲毫不覺得羞愧；他可以跟一個不變的煤斗小戰一個小時，在令人迷惘的庭園中，他可以泰然自若的看著園丁，為那天的晚餐負責挖著馬鈴薯。」

在其他瘋狂症的例子中，兩個情結不分勝負，相互不能征服，就必須想辦法找一個臨時的處理辦法。往往是運用一

套填補的思想，由於這些思想融合了原先情結之間的衝突，為病人所堅定擁護。因此，那個自以為是英國皇后的也許相信，她的實際上的卑下地位，是因為一種詭計，讓她不能登殿，而且她到處找尋詭計的證實。

兒童往往以相同堅定的信念採取完全相同的方法，來協調事實和思想之間的搏鬥，這種搏鬥干擾著他心理的寧靜。一個孩子之所以撒謊，他對事實的印象之所以不能防止虛構，常常可以在這裡找到解釋。這亦是兒童「假想」遊戲的最習見的特徵之一。在史蒂文生（Stephenson）的故事的寶庫中，有一個頭號的故事。這是關於一個小男孩的故事。他要依據踢足球是一場戰爭的理論才參加足球比賽，他「尤其擔心足球的到臨，每每他踢足球時，總要用一個精心構造的魔法故事來激勵自己，把足球當成兩個阿拉伯國家發生矛盾時互相拋擲的符咒」。

像這樣一些事例顯示，在做遊戲的兒童的心理，就像一個猖狂的成人的心理一般，也許完全受一些思想的控制，這些思想，儘管與現實世界連結很少又或是沒有一切關係，不過它們也許占據並限制著他的整體意識流。史蒂文生叮囑我們，一個孩子能夠連續幾個星期，只有用某一時刻居於操控地位的假想，不能管理最普通的和單一的生活情形。他有一段令人讚揚的文章中說：「我一生就食時最使人激動的時候，

或許就是吃小牛腳凍的那一回。不能夠不相信……小牛腳凍的局部是空的，不管多少時候，我的調羹會揭示金岩上的一個隱祕帳幕。在那裡，也許有一個紅鬍小人正在伺機而動；在那裡，也許發現四十個搶匪的寶物，而尷尬的凱西姆卻敲擊著牆壁。我就這樣屏住呼吸慢慢開掘，饒有趣味。相信我，我對小牛腳凍已經沒有一絲味覺了。與此同時，儘管當我把它與乳酪一起吃時喜愛它的味道，我經常不去吃它，原因是乳酪讓透明的傷口感到黯淡。」

　　兒童的想像和某些瘋狂病症狀相似，這一點是讓人有啟迪的，不過不能過度強調這種類別。一個孩子的心理極少這樣堅實的約束在想像上，乃至在需要時，不會輕易掙脫開想像。同時，就像史蒂文生所提出的，略微一點痛苦足夠在任何時候，讓他回到實際。此外，在想像的更深遠的意旨和瘋狂之間有一個基本差別，不可以因為它們在形勢上類似而忽略這個差別。瘋人的空想不僅僅入調的亂打著的鈴聲。從生物學的角度來解釋，他的空想一般是衰弱精神的避難所，它忍耐不住「全部這個不能理解的世界的使人疲倦的重擔」。這是缺少精力的展現。強者面對挫折，而且透過抵擋挫折結束了挫折。弱者捨棄與整個切實環境保持連結的意圖，用不管大部分環境的想法把問題簡易化。另一方面，我們了解，兒童的想像不是缺少精力的展現，應是剩餘精力的展現。在

兒童生活的路途上，驅策他前進的鼓動，並不能完全被他保持與現實世界相連結所需要的行動吸收。這種鼓動驅策他透過各式各樣生活的實踐來增長和豐富他的經驗，強大他的靈魂。瘋狂是一種減弱的現象、衰敗的現象；兒童的想像就是一種擴充的現象、成長的現象。兒童因為他羸弱和愚昧，不會讓客觀事物的頑固的事實遵從自己的意識，客觀的達到他宏大的目標，他就使用想像的魔術，像阿拉丁（Aladdin）使用神燈一樣，他供應的目標所需要的本事，使世界切合他心頭的意願。

依據這個解釋，兒童想像的習性並不代表著他寧可要想像世界也不要實在的。他的想像習性只是一種生物學的本領，確保在他發展時期，他的自我表現不會由於他不能掌控自己行動的真正目的受到阻礙。同時，應當使他逐漸的限制物質世界向他指出的問題。因此，我們可以料想，隨著年齡增長，兒童獲取更豐厚的知識和對世界的更完備的控制能力時，想像因素的必要性將減小。同時，這恰是我們的觀點。史蒂文生故事中的小孩勇敢的與煤斗搏鬥，即是處在這個進程的初始階段。幼兒園的天下，不能發生他勇敢的衝動所懇求的任何一個前提，因此想像必須把它成為適宜遊俠騎士的平臺。唐吉訶德（Don Quixote），一個生長的兒童，能滿足相同的衝動而且不必壯闊的轉變事實。他的武器和裝飾是真

切的，他騎的那匹廢馬是匹真實的馬，不過想像必須使風車成為巨人。因此，唐吉訶德的著名事蹟象徵一幕劇，在這幕劇裡，自覺性雖然少不了想像，但起碼已經為它們所選擇的活動爭奪了某些真正的要求。作者的年輕朋友，表達了同一幕劇，他近期拍過照，盼望自己是一位攝影師。一個硬紙板做的盒子和一個放大鏡輕易就能製作一架照相機，拿一塊披巾放在頭上，這個孩子傳神的做著定焦點把人像照在玻璃板上的歷程。隨之來了一個難題。他知曉人像必須照在感光板上，而且藉化學作用來顯影。可憐的是他現在沒有感光板，又沒有顯影劑，也沒有志向得到它們。便是在這裡想像的力量幫襯了他 —— 神仙教母將灰姑娘的破爛的衣衫變為鑲著寶石的絢麗服裝，而且把六隻小老鼠變為奔馳的駿馬。唯一他可以拿到的和可以當作「化學品」的液體是醋，可為什麼醋不可以呢？因此他一絲不苟的把「感光板」拿到暗室裡，慎重的用醋洗著板，而且使自己堅信人像的線條儘管模糊，不過並沒有錯誤，著實定影在板面上。

唯有兒童期才甘於用這種高壓的方式來管理不順手的真相，滿足它的鼓動。當事實環繞著孩子，他的心思便被迫著越來越和外在世界迎合。它們並不限制外在世界，應是被外在世界所限制。不過，想像的力量依舊存在，並且又或許發揮著主要的作用，獲得發展自覺性的自由。對於這個真理的

最出色的案例，我們該歸功於童子軍運動創舉人的心理學的高見和可喜的發現。童子軍組織的基礎假定是單純的想像。童子軍的美麗的服裝，他的「巡查動物」或象徵，他的私密符號，他的「尋找獸跡」，全是屬於神奇的和文明生活的普通現實不相吻合的事實和思維的範圍。不過，作為一個童子軍，他所研習的地理、幾何和自然知識倒是真正的科學。他所上的養生課，不但完全是嚴穆的，並且對他的個性產生了強有力的和持久的影響，而且他恰是從想像的環境中攝取智謀和精神的氣力，這樣令他所學習的東西往往比他在學校裡從教師那裡獲得的東西更有價值。並不稀奇，有很多中學校長由於這個事實，果敢的把他們的低年級轉化成男女童子軍的團體。他們的經歷，關於童子軍運動能否在學校門牆之中和在廣泛的課程範疇以內保留它激勵精力的力量這個疑問，供應了有價值的見解。

　　教育上童子軍時期的自然的連續是什麼，這是一個有興趣的和主要的問題。問題是要抉擇，當年輕人的思維進一步和成人生活的本質條件緊密貼合時，想像因素應當採用什麼方式。依據多數人的看法。軍事士官團是童子軍的天然接班人。我們先不去探討這一提議的優點，由於這個提議提出一些要緊的問題，不是簡潔的篇章所能探討的。不過我們以為軍事訓練在它範疇和目的上都太狹隘，不能適宜的代表童子

軍鍛鍊對 12 ～ 15 歲的兒童所舉行的鍛鍊。需要的反而一種社團群體，它的根基比較寬闊，足夠爭取並發展青年期的所有新的興趣。一個夏令營，或是近似這樣的方式，也許是這種團體的活動的重要特徵。營地生活能夠代替童子軍時期的想像根本，而並不需要同樣水準的想像，不過能同樣的激發身體的、社會的和品德的教育。比如，它能夠用來保留在兩次世界大戰時期中學男生和大學女生的假期工作所確立起來的國民入伍的古板，作為教育上一個悠久的要素。在冬季，青年團體的自然的目標將是指示會員的遊戲鼓動到藝術的途徑上去 —— 激勵音樂、戲劇、手工技巧等方面的進展 —— 並造就對實質的公民鍛鍊事宜的趣味。有人宣導，像這樣少許擁有這類目標的社團群體，將是地方青年學院（County College）業餘教育的不可或缺的增補，應當以某種方式在每所年齡較長兒童的學校組織起來或是與學校獲取連結。

童子軍年齡較長的一個分支稱作漫遊者，它的出現大致在 1920 年，其目標與上述提議很吻合，而對於組織社團來增補青年業餘教育的思維，已經作為許多大眾議論的中心話題。對比最近的一個提議，「在山地宿營和海上學校組織為期四週自覺參與的假期鍛鍊，應當得到學校或者企業經營者的准許，作為全部青年的權利」，這種假期鍛鍊，一部分應當作為大眾效勞的開端，不過特別要效法「不用爭鬥的刺激而

堅持豪俠的良習」。這個提議給同樣思維以另一詳盡方向。登山和航海等現實主義的和冒險性的鍛鍊，實際上是一位校長為蘇格蘭北部一所學校和整個省所籌畫和詳備闡明的一個新的體育訓練設計的結果。

　　沒有一個公平的觀察者能猜疑，若是教師學會運用在遊戲中所保釋的極其充分的智慧，學校教學效果將大大提升。許多作家、發現者和活動家，他們責備學校對他們的進步無用，有時甚而與他們的發揚相對立。這就是上述道理的可哀的證實。這些人，他們的智慧劇烈到能夠使他們的夢想足以成熟，他們只是從被淹沒的本事的汪洋大海中屹立起來的幾個海島山峰。狹小的、沒有遐想的和過度形式化的學校教會，常常是淹沒人才的直接原由。可能不過分的說，若是要防止這些損耗，教學方法必須絞盡腦汁使智力遊戲的衝動獲取營養。這並不表示著激勵或者甚而忍受智力的耗費，應是兒童對生活進行實驗的衝動應當作為我們教育他的引導。循著谷魯斯的默示，我們應當嚴穆的把兒童當成詩人或者戲劇家、工程師、水手、化學家、天文家和工程師，就像他這樣對待自己一樣，而且幫助他盡力按照他的意願，充盈的探究自我表現的詳細方式。我們已經看到童子軍鍛鍊在智育方面之所以獲取成功，因為它遵照這個方針：所需要的確實就是在全部課程中擴大同樣的方針，與此同時在整個學校教育時

期，相稱的轉換教學的手法。

　　因而，當下的問題是當青年的社會看法代替兒童的個人主義和顯著的想像的年齡業已過去時，這個方針應當採用什麼方式。我們的答覆是，學生的學習應當這樣來組織，協助學生在想像和期許中把自己看成對整個文明擁有重大意義的人類竭力的每個方面的共事者。他的歷史和地理課應當大部分面向政治（廣義的）和經濟；他的自然科學課應當使他作為與像巴斯德（L. Pasteur，西元 1822 ～ 1895 年）乃至轉變物質生活條件的化學家和物理學家這些人聯合工作的同伴；他的數學課應當連結生活的實質事務，包含商業機構和地方及中央政府的財政機構，來教他空洞思想的價值。由於綜上精神舉行的教學，可以直接訴諸青年的遊戲動機，就像訴諸兒童的想像一樣。

　　最終，同樣的結論有力的贊成那些人，他們見解的教育的自然盡頭，是謀劃使青年男女承受在宏大的生活的遊戲中適宜擔當某些特別角色的鍛鍊。這裡，早先在全部人類竭力的範圍漫遊著的想像，集合在一個選定的規畫。趣味和現實的環節進行爭鬥，而想像只是當學生在想像中提前加入他所選定的職業時才展現。

　　讀者能夠假定，在我們追憶了想像因素，從兒童期侵擾的開端，到它莊重的出現在職業探究中，我們已經探究了想

像因素在擁護和增進自覺性方面的影響。他也許說，生長了的男子和婦女應當面對世界的赤裸裸的現實，不用想像的魔術協助與它們格鬥。幸虧自然並不像那樣不慈愛。她並不從成人絕對收回她曾經用來保護過她的幼年時代的想像的力量。人們因為當前的實質，在困難的時候成就了很多美好的事蹟，保留了很多動聽的生活方式，制止了許多世界幸福的設計者因為失望而捨棄他的勤苦勞動。儘管我們經常看看我們自己實質上是怎樣的，這對於我們來說是一件好事，不過，不管對我們自己還是別人，最好是我們經常可以不顧我們的實質缺點和微小之處，把一個想像的自我當成我們規劃和行動的根本。我們之前說過，遊戲的精神是那樣微妙而瀰散各處。

第三章　教育上的自由

第三章　教育上的自由

　　解決教育上絕大多數實質問題的竅門在於理解遊戲，這種看法並不離譜。原因是把遊戲片面的當作專門隸屬兒童期的表象，它以最清晰、最強勁、最規範的形式展現著兒童的創設衝動。因此，像藝術和手工本領，乃至在較小進程上，地理發現和科學發明等重要的屬於創設性的活動，有人感覺它們和遊戲有獨特緊密的關係，而且，在實質上，它們在性格的成長上是和遊戲銜接的。乃至娛樂本質的遊戲和休憩，若只是把它們當成妄圖躲避現實生活的責任和磨難，那便是一種誤會。不論遊戲者是兒童或是成人，他們都表現有機體對自在的自我表現的盼望。教育上和社會上所有真正有效的改變，它的動機都定於渴望盡可能擴充生活的中心職能足以有益的和如意的實行的範圍。它的夢想，不論是有意識的又或者無意識的，總是《約翰牛的另一個島嶼》一書中的瘋子和尚的夢想，他渴望著「一個共和國，在那裡任務就是遊戲，遊戲就是生存；三而一，一而三」。

　　這個夢想用這樣有興奮性的語氣來表示，也許是常識所難贊同的。不過，把前章道理稍加論述，我們應當留意到，「遊戲」和「工作」都包括價值大不相同的各類活動。有一種遊戲只是一種瑣碎的消耗時間的東西，有一種遊戲擁有一定的教育價值，還有一種遊戲具有足夠高度的嚴穆性。在工作的形勢方面，也擁有相應的品級，並不是所有勞工全是工

作。在下層，有一種無道理的、凶狠無情的勞工，他的生存辱沒了工作的名聲；但在最上層，有很多活動，它們提升工作者，而且能夠振作一個民族或者整個人類。並且令人留意的事情是，象徵這些最高形勢的工作的本質，恰是遊戲所必須具有的那些本質，這兩類價值品級在它們的高峰交融為一了。這裡我們的旨意是說，最高類別的工作，工作者選擇自己的職業，並且指出自己嚴苛的成就準則。一句話，探究神所設定的自我創設和自我展現的機遇。不可否認，最高類別的學校和最高類別的共和國會是如此的一種學校、如此的一種共和國，在這裡，如此的工作……它也便是遊戲占有優勢。

如果我們將「自由」替代「遊戲」，將「紀律」替代「工作」，上面所說的夢想就沒有什麼興奮性了。不過，它的道理將極少改變。原因是自由和遊戲明顯是一對雙生姐妹，可工作和秩序之間的血族關係也同樣親近。和前面一樣，我們有兩個價值的品級。把自由解析為不加限制、剎時的想像，這種自由是極少價值又或是沒有一切價值的，它的汙穢的近義詞是放縱。同時，最下層的一種秩序 —— 單純壓迫性的秩序，不論是在軍營裡還是在教室裡 —— 不單是自由的對抗物，並且輕易變成一種危機腐化的東西。唯有當自由選擇了有價值的目標，在探求這些目標時，又讓自由遵從高尚的方

式或手法時，自在的高等的價值才會形成。因此，一個大作曲家表達他的音樂想法，或是一個大詩人表達他關於世界的聯想的看法所經過的方式，是最高類別的秩序限制的案例。它們絕對不會阻擋天才的自由豪放，它們讓天才可以得到極高的自由。

　　綜上幾段話所指出的想法，在教育思維中並不是罕見的東西，從 1914 年至今，已經空前絕後的感染了教育提升的趨勢了。一位出色的英語教師曾經用教育上的「遊戲的道路」作為題目，探討了這些想法，不過，這些想法以學校生活和教學實驗的術語來說，經常呈現為這麼一種信仰，就是最好的教育路線，是在精細選擇的範疇，盡量供應個人自由的餘步的路途。在多多少少直接被這個信仰所激勵的很多教育活動中，與蒙特梭利（Montessori）的名字相關著的那個活動，已經理所應當的招引了全世界的注視。在蒙特梭利的體制中，就像全部它之前的教育體制一樣，可能有許多東西僅僅是次要的，唯有短暫的道理——也許有許多東西經不住經驗的磨練。不過，她的學說的首要特徵絕不可能是如此的。她的學說的首要特徵是：大膽而堅定的試驗把教育自己的職責盡量完全的交給孩子，而且使孩子的成長所受的外來干預降低到最低限制。人是社會的動物，蒙特梭利限定她的孩子們應當學會和別人一起生活，在工作和遊戲中與他們合作，獲

取社會的和個人的良習。不過她的教育方式最特別的一面，對於她所使用的少許方法 —— 大致採用「教具」的方式，經過這些辦法，指引兒童自己教授自己幼兒期和兒童期應當學習的對象，比如嫻熟的使用他們行動的能力和感覺判別的能力，乃至讀、寫、算的基礎本領。她以為，應當讓小學生在教師或者「校長」的監視下，在他們的時光裡做他們樂意做的事務，抉擇自己的使命，自己擔負評價，他們可以獲取高度的始創精神、自己依賴自己和集中留心的本領；他們學會尊敬別人，同時學會尊敬自己，而且培養一種嚴穆而有目標的勤勉習慣。這在被動沿著按照古板的課堂教學方式前進的孩子中是很少看見的。這些觀點沒有道理可以猜疑。確實，一個最嚴謹的考察者，若是他從一個剛從古老方法的管束下解脫出來的班級，轉到一個已然學會使用新獲取的自在的班級，而且對比一下前一個班級的喧鬧、不肅靜和無目標、無紀律的狀況，與後一個班級的平靜愉悅、自己行動的狀況，就會感覺難於依舊做一個猜疑派。

　　儘管蒙特梭利放棄想像遊戲乃至它在文學上的反向（神仙故事），不過，她的教育實驗的實質，不妨說是把遊戲準則提高為幼兒教育的一個普通方式。很多年來，在英國和美國年紀較大孩子的教學上，已然採取了同樣本質的方式，儘管遠沒有蒙特梭利的方式那麼絕對，在範疇方面也相對有

限。最出名的是科學教學中的「發現教學法」（heuristic method），19 世紀最後，這個方式在阿姆斯壯（H. E. Armstrong，西元 1849 ～ 1937 年）的手中作為一種切實可行的教學方式，重點因為他的宣導，這個方式最先有力的浸染了化學和物理學的教導，隨後又浸染其他學科的教導。由於這個方式自詡它的目標是讓學生盡量絕對站在一個自立的探究者的位置，像科學家一樣探索知識，因此準則上它明顯是一種遊戲的方式。因為種種緣故，其中一個是課程的持續擴充，阿姆斯壯的方式在文法學校類別的學校已然不受迎接。不過，對於發現準則的首要好處是不容置疑的，若是它的作用不以適宜當下教育狀況的方式保留下來，近現代教學就會十分匱乏。在課程不被校外考試管束的中學裡，在各類「自然探究」，包含園藝和簡易的天文考察的教育中，察覺的教學法有妥當的位置。另一個重大的改革是帕克赫斯特（Helen Parkhurst，西元 1885 ～ 1973 年）的「道爾頓制」（依據美國的一所學校定名），這個方式並不向古板的課程挑釁，不過，只要有希望，就用不受時刻表控制的個人的自由探究替代課堂教育。簡單來說，道爾頓制要把英國學校曾經盛行的一種方式引申到學校的所有班級，這種方式使成績最優秀的學生在各科學習中按照自己的速率前行，需要時從教師那裡獲得一些教誨和監督協助，僅僅是偶然進行真正的教導。因此，道爾頓制包含一

種細膩的「作業設定」的體制，限定每門學科在規定時間內所對應學習的範疇，給學生各類必要的學識和相關進度的一些指點。通常的說，讓學生個體的或用小組方式，在他們喜愛的時間實行作業設定，唯有當學科本質要求班級教導的時刻，才把學生聚集起來舉行班級教學。在範圍大的學校推行道爾頓制，狀況複雜，有很多困難，因此或者暫停實行，或者在一度熱誠推廣的場所，起碼可以大大淡漠下來。不過，在有些範疇大的和重點的學校，這個軌制稍加變動，還在推行。同時，在此外多數學校，能夠看到道爾頓制的浸染，一反往常過分重申整體教學的狀況，漸漸強調學習中的個人勤奮和始創精神。

綜上簡單的講述的幾個教育活動，它們全是在教育和學習的範圍內運用了自由準則。和它們一同，此外有一序列革命的教育學論述，它們關於學校管制和連結具有極大意義。在這一方面，蓮恩（Homer Lane）的「少年共和國」（Little Commonwealth），起碼在英國之前一度作為大家吸收靈感的重要中心。這個群體是從出名的美國「喬治少年共和國」（George Junior Republic）衍生來的。「少年共和國」原本的公民，就和大西洋對岸的古老組織一樣，是年紀在 14 歲智商的男女少年違法者，一個有主見的、英勇的法官，依據《兒童法案》（1908 年）的原則，把他們轉交給蓮恩。不過，在這

第三章　教育上的自由

個社會團體發揚起來的時刻，包含了少許年齡很小並未違法的兒童，他們的呈現很受側重，作為這個組織所發揮救助作用的主要因素，這一點讓人有啟迪。蓮恩所採用的方法有一個首要特徵，這一特徵讓每一個最初參與共和國的成員覺得十分驚訝，便是這裡的公民不要遵從不是他們自己規定和全部自己實行的秩序或管制。他們處理自己的事情，享用一個絕對解放的民主國家所具備的全部自由和自我職責。

這種令人驚訝的把普通「感化院」的方式倒置過來的方法，它的論斷是了解而輕易的。依據蓮恩的看法，少年違法並不是因為不良的本性，而是因為猛烈衝動被引錯了目標，它們被剝削了尋常的前程，被逼在違法的和反社會的行動中尋求知足。心理學所認可的救助方式，不是許多殘忍的、不可抵抗的抑制，應是「昇華」，這便是「少年共和國」想供應的救助方式。一個犯錯難改的年輕人，對家長和老師是一種絕望，對倫敦的一條巷子，可能是一種恐懼，當今到了陶塞特省的一個農莊，四周是一堆年輕人，忙碌從事激起始創精神並為充足精力發揚機會的事業。若是他樂意分攤他們的工作，他就可以獲取單獨的薪水；若是他不想工作，他就務必依賴與他同年紀和同年級的男女孩子的令人恥辱的施捨而生活，而且認可他們的蔑視是公正的。在這裡，除了大家的聯合意識之外，沒有別的威望，這些人在過去也許作為他自己

「組織」的成員，在這裡，違抗法律並非一件開玩笑的事件。毫不稀奇，在這些狀況下，一個意識軟弱的蹺課的和懶散的孩子，經常被改變成為一個勤奮的農民，一個違法的年輕人，被轉變成為他參與創設的社會紀律的佩服的贊成者。

　　我們因而這樣細膩的講述蒙特梭利、帕克赫斯特和蓮恩的想法，由於這些想法和很早的發覺學習法的準則，已經有寬泛的作用。在英國和其餘國家，經歷了 1914～1918 年世界大戰的極大的社會和精神的改變，這些思維向舊的教育傳統挑釁，為教育方式和學校管制一個新的對象。若是說這個活動已經爭奪了學校，說它已經大範圍的突破了舊的習俗，都不免誇大其詞。不過，無法否認的是，它的浸染乃至已經深入到它的宣傳家曾經受蔑視的地點。大致說來，這活動的準則是：家長和老師們古時的專制態度應當轉變；應當使孩子對自己的行動和課業提升擔負更大的職責；應當使教學方式更加靈動，利於更好的順應很不相似的個人需求；應當更加留意各人差別的喜好和本領。一句話，這是一個比向來更加充足的運用我們所說遊戲的實質的個人主動精神的活動。這個活動在很多方面與以下各類活動有關聯：變革教學實質和教學方式的活動；給兒童的創設能力更大發揚機會的活動；讓學校任務更加乾脆的、有用的與遼闊世界的事宜和樂趣相連結的活動等。不過，這些變革課程的鼓動，儘管在我們這

裡所探討的活動中當然有它的位置，然而一定不是這個活動的重要部分。

這裡我們不能繼而調查這些擺脫舊傳統的方式的詳細狀況，由於它們數目很多，在許多文明國家用很多不同的方式出現。有些是對比隨和的變革，而且已經平穩的在境遇不允許更加英勇的行為的學校裡見狀實行，此外一些想法是「比較猛烈的夥伴」的浮誇舉動，他們完全變革了舊的方式。比較勇敢的嘗試一般生命短暫，這原是預料中的事，不過這並非說比較穩定前進的老師不會在這些實踐學到許多東西。實際上，在 1918 年之後的年月裡，儘管有利於教育變革的社會氛圍明顯冷漠了，不過猛烈的革新家的工作，不會不浸染平常的教育任務的目標和過程。

教育上的這些改革，指出了兩個大障礙。第一個是學校的集體障礙；第二個是教師的機能障礙。

明顯，不論是規矩的班級軌制或者規矩的時刻表，都是和一個孩子應當按自己的路途、在自己的時刻裡舉行學習的準則完全不相吻合的。實際上，這些軌制呈現著一個相悖的準則。由於它們所依據的假定，是學校能夠區分為許多班，每班當作一個單元，以同一種速率向同一個方向挺進，而且遵從外來的準則，把它的趣味從一門學科轉換到另一門學科。有很多學校，班級通常還是不小，這種驚奇的假定常常

得非常認真的接納，由於沒有其他想法。在狀況不是那麼艱難的學校，有折中的餘步。班級能夠分成幾個組，而且不同學科能夠重新計劃；對獨特學生，有「選科」、「分科」和「個別照看」等方法。這種軌制，儘管已不是那麼過度簡易化，不過它的基本還是這樣的道理，就是限定學生應當學什麼、怎麼學、什麼時刻學，這是教師的工作，而學生的任務是盡量接受。相悖的，蒙特梭利學校就接納每個學生是一個單元這個準則的所有後果。生存是一種社會的事件，而學校是社會的模型，因此必須確定規定的準則和一定的全體行動。不過，除此之外，沒有確定的時刻表，也沒有年級，孩子走自己的路途，在正當的時刻自由的行進。對年齡大一些的學生，這個方式也必須接納折中方法。經常有這樣的時候，反覆必要的教育可能作為極度的損耗；也經常有這樣的時候，整體教學自身有著沒有對象能代替的價值。還務必為他們供應合作行動的時機，比如音樂、園藝、野外實習、手工、體育訓練和戲劇表演。關於這樣一些行動，必須有確定的時刻、地方和團體。不過，這樣一種軌制，在它的尋常調子和舉行上，與確立在傳統假定上的軌制的平常調子和舉行之間，還有著顯然的差別。同時，我們已然有了充足的證據，這種軌制是能實行的，並且，儘管用舊的準則來權衡，也會比舊的軌制獲取更優秀的成績。

第三章　教育上的自由

　　最終，我們要探討教師障礙。讀者也許覺得，在每個孩子追求和探索著自己的本性的軌制下，很難看到教師的位置。同時，在他看到蒙特梭利保持教師有一個本能是做一個「洞察者」時，也許更加感覺疑惑。因而，讀者一定留意，最先，學校生存的要求不論變得怎樣「自然」，它總依舊一種在經歷抉擇的情況、在遼闊世界中的一個人造的小世界中過著的生涯，且教師就肩負著抉擇的工作。他們為表演安置好舞臺，籌備好道具。因而，儘管他們對劇作者並不覺得有分，且只是抱著友善的趣味凝視著戲劇的進展，不過他們已經在確定的範圍內劃定了行為所應選擇的方式。因而，在蒙特梭利的校園裡，一個孩子固然可以投其所好，不過他所喜愛做的事項是規矩的乃至局促的被控制了的。他務必把每個圓柱體放到它們適宜的洞裡去，務必用適合的順序布置色板，務必在積木的「長梯」學習簡易的推算。原因是事項都是被安排好的，他確實沒有其他路可選。實際上，這些學校最引人注意的狀況之一，是如出一轍的舊例。在孩子關於蒙特梭利「教具」的各種奇妙的運用方法中，創造人所理想的用法是實質可以洞察到的獨一用法。這種狀況是怎麼形成的？沒有疑義，最後還是因為教師的指示。比如，他希望不要把圓柱體當成九柱戲，也不要看成士兵，而只是為了培育觸覺和視覺的分辨力。這個方法，經歷鄭重的提議，經過模仿宣揚開

去，形成學校確定的傳統。不過在這個傳統背面，守衛著這個傳統的，經常有教師頑固的意識。

　　還必須了解，在蒙特梭利說到教師是一個洞察者時，她的旨意並不僅僅是一個悲觀的觀看者，而是一個樂觀的洞察者 ── 他隨時「預備著」，如航海者所了解的那般，不做瑣碎的干涉，而是籌備在需要援助的時刻給予綿薄之力。她務必保留關於所有孩子發展狀況的詳盡紀錄，同時，又像一個嚴謹而又壓抑的母親，務必等候時機，說一句真確即時的話，或是給一個真實合理的示意。

　　相同的，年紀較大學生的老師，不論他怎麼堅定不願選擇教誨的立場，他依舊是一個教師。教師的本能在實質上也許改變，不過毫不減少他的嚴重性，乃至關於教師的學習、智力和專業機能指出更高的標準。他的職責將是創設並保持一個境況，在這個境況中，他會叫醒學生對藝術和科學的熱情，而且用準確的方向嚴謹的指引著這些熱情。一個教師，一方面自己沉醉在他的專長的最卓越的傳統中，同時他務必英勇鼓舞、示意和批判的方式，把這些傳統展現在年輕學生眼前，而且使他為這些傳統所吸收。他會是廣闊世界和學校小宇宙之間的一個「思維的承載」，悄無聲息的把菌苗傳染給他的學生，使這些菌苗開花結實，培養技藝優良和喜愛勞動的志願。同時，我們已然說過，組合和整體教學，儘管它們

第三章　教育上的自由

失去了產生阻攔作用的優勢位置，務必在學校事宜中保留它們自然的位置。古老的教育文化，它們不僅僅象徵著往昔的很多錯誤，也象徵著許多世紀以來樸實而有耐性的竭力所獲得的成果，它們是定不會落伍的。不過，這些陳舊的教育文化，經歷比較準確的更新之後，將進展作為達到一個更加開通的目標的更好的東西。

在智育問題換到德育問題，我們務必提出，有些熱忱於「新的自在」的人們，偏向於無批評的接納兒童性善的道理，旨意就是說，若是讓他們放縱自流，德行美會在他們的生命中展開，就像自然美必定在怒放的花朵中打開一樣。這個道理，比起宣揚人心是極度敲詐、無所不為的道理來，讓人感覺愉悅一些，不過前一道理和後一道理一樣，即使說是表達一個實情，寧可說是展現一種氣場。比如，佛洛伊德的心理解析探究工作，讓他肯定「殘暴色情狂」—— 目標在於讓人感到疾苦和損害的一種衝動 —— 是人類本性的正常構成部分，它常常和不加限制的性欲有關係。世界大戰時期侵蝕勢力大範圍的做的不是筆墨所可以描述的暴力，讓人難以猜疑我們晦暗的內心深處的這幅本人不愉悅的景象的可靠性。不過，有這樣一點贊成盧梭（Jean Jacques Rousseau，西元 1712～1778 年）而反駁耶利米（Jeremiah）的想法：好的生活形式自身擁有發展的前程，壞的生活形式也許不實的供

應這種前程，不過不能如好的生活形式那樣達成這個前程。好的行動也許致使無限的擴大，壞的行動，它們也許像月桂樹一樣茁壯一時，不過在它們本身包括著無法避免的凋零的種子。人類本性最深入的需求是創設性的擴大，因此，一般言來，人類必定追求美，只有他們尋找善，不然不能覺得滿足。不過人類本心的淒慘歷史和人把人培育成為怎麼一種人的淒慘歷史，闡明這種追求是多麼允許猜疑，且它的結果常常是一種磨難。因而，儘管兒童還沒有沉淪的衝動，有著為善的生物學的偏向，但希圖這種衝動不經協助就可以處理曾讓用心最好、最有天分的人類不知所措的很多生活上的疑問，那便是理想太般了。綜上，忽視近代兩種道理的任何一種皆是的。一種道理顯示在雪萊（P. B. Shelley，西元 1792～1822 年）的苛刻的譏諷詩裡：「不論哪裡有兩、三個人聚集在一起，便有魔鬼在他們當中。」另一個道理顯示在卻斯特頓的箴言裡，他說，覺得「得救如其餘好事相同，絕不能在外面得來」，這是「對於生命實質的一個過錯」。

　　因而，在行動的範圍內，如在明智的範圍內一樣，教學務必總是有它注定的位置和主要的本能。先用幼兒舉例，教師布置環境，明顯並不僅限為兒童的行動籌備舞臺和為他供應演戲的同伴。教師擁有優秀的本領和常識，又有充沛進展的人格，她自己是境遇中的一個常常的和最主要的要素，她

第三章　教育上的自由

對在她四周生長著的兒童有著一樣決斷性的作用，由於這種作用選擇委婉的示意和示範的方式，而不選擇教育和勒令的方式。若是她不愧於教師的責任，那麼兒童經過成千種奇妙的方法，自她學到區分人類的猛物、區別文雅的生活習性和粗野的生活習性的立場和方向。悄無聲息的，不過扎實的，她的價值作為他們的價值，她的準則作為他們的準則，而且從她那裡形成了把兒童的社會熱情領導到一定方式的友善行為的作用。

　　同樣，年紀較大的男女孩童的教師，儘管他堅定的捨棄那種誘導成年人好強的觀點，便是他的職責像陶工打造陶土相通，關於「打造學生的本性」，不過，他不能管束住在年齡和關於世界的充實的常識和經歷的威望而來的領導性作用。經他可以做到，他也毅然不該這麼做。他的位置不是一個懶散的國王，應是在他的小小共和國中的一個常駐總統，因為他的位置所給他的突出的職權，他務必更加謹慎的和不倦的執行他公民的職責。他不能不經過對學生的研習和瀏覽的作用，在很大進程上去調節全校或是全班的品德習俗。儘管年輕人通常會從校外初次了解到瓜分著世界和操縱著世界的各類誠心和理想，不過恰是在學校裡和在教師的作用下，他們應當清楚那些誠心所牽連的疑問和那些理想的道理，利於他們可以以他們的年紀所應允的充足的責任心做出他們的抉擇。

此外，這絕對是一個準確的準則，品德觀念的能力，通常依賴從直接體驗學到這些看法，並運用它們來領導自己的擔負的行為。把學校管制的職責交給被管制者的作法——要是這麼做可以的話——的真實認同就在這裡，且不在哪種形而上學的人性本善的主義。這個準則是那麼主要，一個教師，不要捨棄這個準則，他能夠忍耐很小的禍患，沉著的等候當經歷顯現它不利的成果時通常會展現的自動的反向。不過，教師除去他和學生協同享用的學校公民的共同權力之外，他還有一個不能捨棄的特別職責。他的一個顯然的任務，便是要讓學校生活的根本目標不為少量人的腐朽作用或其他的人的品德缺點所損壞。當這種危害要脅著的時刻，當勸告不能在社會團體的「深處讓善聚集起來」的時期，他就必須有所舉動，而且要堅定的舉動。這個結果和前面所說論點之間並無衝突。若是教師講明白，他的舉動並不像一個獨裁君主收復他一度間斷的干預的權力，而是受了廣泛社會的委派，關於這個社會，他和這個損害的團體同樣應當忠順——這便是超出目前的成員資歷的當作一個歷史的實質的學校，又或是，歸根究柢，便是大社會，且學校最後只是它的一個組織。

第四章　天性和教養

第四章　天性和教養

　　兒童為他本身的教育所可以做的事項，和他在他的教師能夠得來的對象，這兩者相反的主要性的疑問，是一個長時期激烈爭議的疑問，爭議選擇了下面對比概述的方式 ── 在確定一個兒童的成長上，「本性」還是「教導」、繼承天賦還是處境作用具有更加強勁的成就的問題。

　　法國思想家愛爾維修（Claude Adrien Helvetius，西元1715～1771年）為教導的力量做出了最高的條件，他的積極的信心，概述為一句格言「教育萬能（L'Education peut tout）」。高爾頓（Francis Galton，西元1822～1911年）和之後確立近代優生學的他的跟隨者，和愛爾維修學派位於最敏銳的對抗。

　　愛爾維修在去世後發行的著作《論人的智力和他的教育》（*De l'homme, de ses facultés intellectuelles et de son éducation*，西元1776年）一書中，探究為什麼人們的本領、喜好和個性區別那麼大，而且認為全部這些不公平是因為一個獨立的原由 ── 教育上的區別。他在厚厚的兩本書中，用毫無懼怕的膽量有力的闡述的這個解釋，是用洛克（John Locke，西元1632～1704年）的所有觀點透過感應來到頭腦的道理為根本的。他覺得，若是兩個人從首先開始有感覺性就使他們接納完全相同的感覺，他們的智商就會變得相似，而且保持相似。不過在事實生活中，這個實踐不能夠進行，因此便有

在不同進程上差別彼此智力的不同。這個論點同樣適合於個性和智慧。就像盧梭在他的《愛彌兒》一書中那樣有力的論述的，人不是生就善的，也不是生就惡的，品德和罪行都是轉移到自尊上的教導的成果，而自尊是扎根於身體的感覺性的，因此它是大家共有的。

　　社會主義和合作運動的先行者歐文（Robert Owen，西元 1771 ～ 1858 年），在工業改革所面臨的病貧淪落的狀況下，在所寫《新社會觀》（*New Vie of Society*，西元 1813 年）一書中，用不是那麼奇特的論點的方式，鼓動本質上一致的福音。他覺得，人向來沒有也絕不能變成自己的看法或自己的本性，兩者全是他的古人和四周環境在他思維中所形成的記憶的無法避免的結局，進而「任何本性，從最佳的到最次的，從最愚昧的到最活潑的，能夠使用正當的辦法給予無論一個社會，乃至賜予全世界」，而那些辦法就是在充足廣義上來了解的教育。

　　和愛爾維修差別，歐文把他的觀點付諸實驗。他在蘇格蘭的一個工業村實行道德改革的勇敢爭鬥的記載，是一個擁有極大成就的記載，他在教導上和相關推動「社會報酬」的準確方法的突出見解，有助於他的收穫，不過終於由於他所處的時期不能理解他的想法而遭受失敗。

　　與愛爾維修和歐文等積極主義者的方向相悖，高爾頓學

派的方向是很高的崇仰本性，乃至教養感到毫不主要。他們的觀點主要依據關於遺留的頑固的本相。高爾頓在他對於雙生子的恐懼的故事中，用十分惹人注意的方法提議了一些這方面的結果。這些雙生子一生的行動，好似他們是同一個工廠所創設、在同一時刻啟動的自動鐘錶機。從這些記載和對比新近的同一類記載所得到的使人擔心的推廣，便是我們都被我們天賦的命運必定的能力趕上生活的路途，儘管因為雙生子稍有，我們大多能寓居在想像的天國，在那裡能夠不理睬這個使人悲痛的結果。統計生物學家冷酷的運用他們的總計數字表達同一個想法，他們提出，一個人的個性一定和他祖先的個性有關，就像他的身長或者頭顱指數和他祖先的相關一樣。最終，優生學的探究已經杜絕了關於仇克斯家族（Jukes family）的悲慘的歷史和同樣暗淡的記載，名字生活處境之於人，宛如岩石、風和水流之於船：只是偶然事變讓他的品性展露出來，不過和這些品性的形成卻分毫沒有關聯。

愛爾維修學派的原理和高爾頓學派的原理之間的對抗是一清二楚的，若是我們被逼選擇其中一個原理而排斥另一個原理，我們會處於一個不適合的位置。不過，常常發生的是，真實的問題並不關於抉擇矛盾雙方的一位，而關於決策兩種不同的作用對於人類進展有多少功勞。心理學家們想要觸碰可以洞察的心理進展的本相，這個問題就顯出更加困

難。比如，通常假定，「少年犯罪者」幾乎老是不良稟性的犧牲品，不過近代所實行的、適宜的留意統計辦法的探究，並不證明這種看法，它們就是闡明產生青年違法的影響是何等撲朔迷離。伊斯特（W. N. East）博士在沃姆渥德叢林監獄（Wormwood Scrubs Prison）的 4,000 個男孩（從 22,000 人中選擇）中，當真發現有 4% 的人智力有缺點 —— 這個百分比遠比在平常人口中的百分比高，不過在其餘方面，遺傳要素即使存在，彷彿並不產生什麼主要的影響，家庭狀況證實最關重大 —— 家庭人口太多，父母吵架。父親、哥哥或者姐姐長久不在家，不嚴苛、不關切或強迫式的秩序，孩子受不到所有家庭的感化等等。或者，與預想相反，違法的人中賦閒的總和並不勝過尋常的數字。另一方面，他們在學校所傳授的教育好像有可能經常不適應他們的氣場類型 —— 不能區分重要的需要善心教導的比較悲觀被動的孩子，和需要嚴苛的「監視管束」的比較霸道的孩子。巴那度保育院（Barnard Homes）這種機關的記載和伊斯特的技術分析提出同樣的方位，由於它們偏向於闡明，讓最沒有前程的種族，接受到正確的教育，就會形成優良的和健康的人類。

這些探究和洞察闡明，高爾頓學派的看法過低估算了「社會繼承」在讓天分能力展現自己時所產生的影響，因此關於尋常人類的大致性偏向於消沉主義的看法。在第一次世

第四章　天性和教養

界大戰時期，很多醫學心理學家和其餘洞察者，因為工作關係，和士兵有緊密的往來，他們經常被不開明的教導和讓人悲哀的社會軌制所圖謀埋藏的人才所轟動。同時，有充足的證實，這種對我們民族是真實的對象，對很多「落伍民族」也是真實的。比如，墨雷群島上的住戶沒有文字顯示六以上的數量，他們只有以最恍惚的方法表達比較大的數量，從這一個真相彷彿可以公平的推廣，他們的本性缺少數學才能的要求。不過，他們的子弟在蘇格蘭牧師的教導下，聽聞已經展開了讓舊時代的所有學校督學會感覺高興的算術機能。

另一方面，愛爾維修學派的過甚的積極主義，致使他們看低了平凡能力和獨特能力中的差別，這些差別好像鑽石一樣堅實的約束著個人成長的可能性。他們被一種寶貴的不過不老練的對於「觀點的力量」的信心所鼓動，把精神當成一種人工製作物，依據幾乎不論一個事先商量好的謀畫，經過足夠巧妙處置，就能夠變成精神。因此，這個流派的作家們，只是在十分平靜的看待培養本性是教育的真實目標這個思維方面，是永遠一致的。他們看低天生能力影響的立場，若是付諸實驗，將形成很多教學上的損耗，尤其是會招致一位雄偉的美國民主主義者所責問的「民主」教育的首要缺點——忽略智慧的菁英。一個理智的民族會在社會的所有階級去探尋他們，而且在找到之後，會盡可能培養他們的天分和能

力。沒有猜疑，連續的教育上的壓迫可能變革整個民族智慧的精神的傾向。日本的近代化常常被當作一個首要的案例，儘管吉德（Benjamin Kidd，西元 1856～1916 年）1902 年時說過，在一個世代之內首要經過學校的作用而實現的「德國的普魯士化」是一個最不祥的案例，證實也是準確的。他沒有預想到，若是把他的原理使人恐懼的倒置過來，就若是學校用準確的目標相互合作，也許在 25 年之內讓歐洲剷除煎熬著它的歷史上一些最危機的禍患，那麼德國事實上也證實是準確的。不過，把某些想法滲入到一個社會中去，儘管非常主要，到底只是我們所了解的教育的起點，由於這終究只是供應一個處境。宗旨給個人自己使用環境的自在的論斷接著產生作用，而且還維持著它們的所有力量。由於這些論斷主張，人類有機體，包含身心在一塊，是運用天賦和處境作為他的工作資料的創設力的核心。因此，有機體從本性和教導所接納的要素，除了它們組成作為有機體保存的重要事實的自由行動的根基以外，不能夠決定它會形成一個什麼樣式。

　　在我們接納了 —— 由於我們必須接納 —— 不能忽略天生能力的差別這個態度之後，我們必須繼而探究這些差別選擇什麼方式，它們怎麼能被計劃出來。這裡我們遇到近代心理學上最主要的篇章之一。第一個事件聚集在法國心理學家比奈（Alfred Binet，西元 1857～1911 年）嘗試抉擇一個「智

慧的量表」。他的探究的起點是許多大城市的行政工作者所感苦悶的一個問題，便是要抉擇那些常讓一個孩子不能和同年紀的孩子們聯合前進的遲緩現象，對某一特殊的孩子來說，是因為智力的缺點，還是只因為像常常轉學等不利的處境。比奈自下面的假定開始，便是每個孩子儲備有一定的天生能力或智慧，儘管他不受教導，在他發展的年月裡，每一年都能讓他進步一定的間距。比如，在孩子的平生中有一個時期他「發覺」了他擁有眼睛、耳朵和鼻子的本相，有一個時期他清楚一個星期裡幾天的稱號和順序，有一個時期他能謹記擁有一定繁雜性的指令，有一個時期他能從某一論斷的資料得出準確的結果，而且能看出某種謬論等。比奈希圖經由對大批巴黎兒童的洞察，來決斷這類非學習獲得的能力在兒童期各年紀的一般散布狀況。這個表一旦寫成，就可當作確定任何一個兒童「智力年紀」的量表。因此，若是一個十歲的孩子剛才可以通過十歲年紀組的測試，他的「智力」年紀就是和他的「充足」年紀一致；若是他不能通過八歲年紀組以上的測試，他的智力年紀就被評為八歲，便比「充足」年紀落後兩年。餘下的問題便是要抉擇智力年紀落後於「充足」年紀到什麼水準，以致他難於和同年紀的孩子一起受教導，能夠把他轉到獨特學校。比奈最終選擇了八歲以上的兒童落後三年、八歲以下的兒童落後兩年當作標準。

自從比奈在西元 1895 年於這個範圍內著手他的探究以來，他的測試以及這些測試所引起的其他測試的應用，已經極大的發揚和擴大了。這些測試不再限制於它們原先檢查心智缺陷的目標，當前正在用於診斷所有班級的兒童的本領，為了各式各樣的目標。在心理學家所策劃的測試中，有很多是對於用更高的科學的精確性來做老師和學校考核人員常年來做著的工作，就是評價學校課程各學科的成果。另外一些測試是對於比奈所著手的問題，就是評價實際成績之外的天生能力。比如，一個能讀色諾芬（Xenophon，約西元前 434 ～ 355 年）的著作或者解二次方程式的兒童，一定具有研習這些對象的本領，不然他就不能掌握它們。所呼籲心理學家的測試的，是它們應當在教師開始教育孩子之前，先預料那個本領。這裡保存著一件原理上做不到的事，由於本領不能捏造發現，它只有經過某種成果才能展現出來。不過，在實驗中，心理學家用下面方法來處理那個明顯不可戰勝的困難：第一，在孩子所了解的或者所能做的盡量少受教學浸染的那些範圍去衡量他的成果。第二，為了這個目標，所選取的範圍。要讓兒童在這些範圍的勝利和失利在其他方面擁有預料作用。比如，學校教育關於一個孩子做下面一些問題極少有關聯或是沒有關聯：準確的說出「貧窮」或「仇人」的異義字；填補類推空缺，「水手與士兵的關聯就像海軍與……的

第四章 天性和教養

關聯」；在「大多汽車是用風、蒸汽、汽油、煤氣啟動的」這句話中去除三個不準確的答案；或是假設有三個兒童坐成一排，哈利坐在威利左邊，喬治坐在哈利左邊，答出哪個孩子坐在中間。不過，有許多證據表示，一個孩子若是能出色的做這類問題，在任何需要優良的智慧的範圍，他也許也能做得更出色。在做這類問題時是一個笨徒，在另外方面也許也證實是一個笨徒。

心理學家們已熟悉的智力測試的價值，在第一次世界大戰時期得到極普遍的傳播，那時在約 150 萬美國陸軍新兵中運用測試，讓他們的軍職適宜他們的本領。需要每一個新兵在問題紙上以畫線、淘汰或加記號等方法解答 212 個題目。全部過程只要 50 分鐘，同一時刻可以測試最多 500 人，而且所供應的估算和後來考察相同一批人的軍官的判定完全相符。

在英國，陸軍部新近創設了人員選拔司，該司有男女員工一千餘人（大多從教師中聘用），他們運用標準測試和其他辦法，衡量服兵役的男女成年人的智商、能力偏向、常識和本領。在賦予獎學金時，運用智力測試作增添測試的日益增加。幾年之前，國家文官軌制某些部門的考試也採取了智力測試，根據剖析，成果讓人滿意。

對於智力測試的環節，超過我們這裡探究的範疇，我們

只可以探討一、兩點大家有興趣的話題。第一點是對於測試進行的方法。比奈的方式是逐一的對兒童進行測試。個別測試還是測試兒童的最好方式，不過這種方式明顯要損耗很多時間。因此，為了用非常的速度測試大量的人，當前採取了「團體測試」的方式。上面所說的，美國陸軍和英國文官考試採取的測試，便是團體測試的案例。第二點是顯示測試結果的辦法。這裡，也依舊按著比奈的方法。便是說，若是一個孩子（不問他的真實年齡）所得的結果是五歲、八歲或十一歲兒童所得的平均成果，假設，依照不同狀況，他的智商年齡即是五歲、八歲或十一歲。不過，探究工作者目前進一步把兒童的智商年齡除去他的真實年齡，把得出的商數稱作他的「智商商數」（IQ）或「智力比率」。因此，一個真實年齡十歲的兒童得出的分數也許表示他的智商年齡唯有七歲，在這種狀況下，他的智商商數或是智力比率便是十分之七 或70％；或是他的分數也許表示他的智商年齡有 13 歲，在這種狀況下，他的智商商數便是十分之十三或 130％。依據編寫的一個表，通常只能接納比較簡單類別的中等教育的孩子，他們的智商商數或智力比率在 85％～ 115％中間。在他們畢業時，應當可以依據他們在這個智商範疇內的位置，從業半熟悉或嫻熟的工作，或是充任低階的商業營業員。智商商數在 70％～ 85％範疇內的學生隸屬愚笨和落伍的一種，他們只

適宜於不嫻熟的勞動或是粗糙的體力勞動；在相對較高的智商商數範疇內（115%～ 130%）的孩子，能夠接納「選擇性中心學校」的教育，而且表示他們可以負責文書、技術員和高度嫻熟的工作；智商水準更高的孩子（智商商數為130%～150%），有志向獲得中學獎學金，可以擔任較低階的專長職務。對於獲得大學獎學金和榮譽學位的人（智商商數在150%以上），能負責最高的專長職務。和這兩種位於可悲的相對峙的狀況的是智商缺陷的一種（智商商數為50%～ 70%），他們只可以做臨時工；對於餘下的那些智力比率在50%之下的不可教育的孩子，會在慈善機構度過他們的平生。

在任何詳細的職業方面，或許有很多要素發揮作用。一個人的智商商數經常發揮著最主要的影響，在大部分比較高階的工作方面乃至位於操縱的位置。不過，在有些特別狀況下，比較特別的本領也或許發揮主要的作用，這種獨特能力常常被稱作「群因素」—— 這是一些與智商商數無關的要素。在有些狀況下，獨特的情緒要素和氣質要素又可能是首要的要素。因而，關於所用的測試，應當不聚集留意於一個人心理建設的一個方面，而應當嘗試抉擇他是否擁有在必定職業上獲取成功所必要的幾種本領的歸納。

近些年來，依據上述路線編排的職業測試在英國有了極大的進展，這關鍵應歸功於全國工業心理研究所的職責。該

所最主要的鑽研成果之一，是最先在倫敦皇家十字區小學中所舉行的職業引導實踐。這個實踐始於 1924 年，在實踐過程中。挑選 600 個小學畢業生作為一組（甲組），另有同等數目的兒童作為一組（乙組），這兩組兒童的鍛鍊狀況和就業機會都全部一樣。不過，兩組之間有一個主要的差別，表示乙組兒童只從學校的校務會議獲得平常的指揮，但甲組兒童卻得到專業的職業指揮，這種指揮以該所測試的成果為依據，並輔助教師、校醫和家庭走訪人員的陳述。該所測試由兩部分組成：一部分是普通測試；一部分是專門測試。在普通測試方面，採取了「普通智商」測試、在校學習成果、實際能力和手工技巧的測試；在專門測試方面，採取了相關文書工作、知曉機械和縫紉乃至其他工作的本領的測試。

兒童事實上所從事的工作，不能完全都是依據測試的成績所提議的工作。不過依照該所指揮就業的人，有充分的狀況表示，若是年輕人工作，可以一般的獲得職業測試的指揮，那麼，不論在個人幸福或是在工業效果方面都有極大的成就。

我們明白，智力測試的完全實踐包括一個原理，便是從關於一個人做某些工作的能力的衡量 —— 測試所需要他做的工作 —— 能夠推知他做其他明顯和那些工作全部不同的工作的能力。這個假定明顯是美國軍隊測試的根本。在英國

第四章　天性和教養

採取「普通」科目或是「學術性」科目的競賽考試挑選文官的方法明顯也包括同樣的假定。當我們需要有充足能力的年輕人去管制印度帝國或者國內事務時，我們選出了那些在考場能寫出最突出的希臘文詩歌或是解答微分方程式成果最優異的人，把他們送至東方或白廳，堅信那些在一個方面展現最高本領的人，在另一方面將證實也是最有本領的。卡萊爾（Thomas Carlyle，西元 1795～1881 年）在《英雄和英雄崇拜》一書中的論點的基礎是同一信心。

毫無疑問，經歷已經證實了這個假定大體是準確的。美國軍隊所用的古怪的測試，整體說來，的確挑選出一批最有本領的人；我們聘用文官的方式，整體說來，也證實是可以的。不過，這個假定只能是大致上準確，由於對於用證實測試和考試所挑選的某些人所做的推斷，僅僅是一種可能，絕不是必定的結果。因而，明顯需要一個比較精密的原理，這個原理一方面會闡明測試的一般的預料價值，同時也會闡明為什麼不可以從它們獲得對於各個人的準確的推斷。

有一種差別的原由可以立即提出。一個最聰慧的青年，也許由於他懶散或腐朽，不能兌現對他的期盼；或許他有才幹，可缺少他所選擇的職業獲取成功所必要的某些德行品質這些狀況當然會發生，不過和我們所面對的問題並沒有關聯。我們這個問題只是關乎測試的問題，不是德行品質問

題，這便是為什麼只是測試自封診斷這些智商，通常說來診斷得十分成功，不過有某些獨特狀況，離成功有較大間隔。

這裡所觸及的人類本領的本質和構成的問題是下一章的標題，不過，在我們探討這個問題之前，務必進一步大致探究一下只是測試在教育界的位置。

在所有進步的國家裡，學校劃分為小學和中學，它們是教育軌制的重要構成部分，不過民主思想占上風的國家，學校名稱的意旨已經產生了極大的變化。比如，在英國，小學（官方稱作「初等」學校）最先原本謀劃給予適宜於「勞動群眾的子弟」的教學，這樣的教學，和以古文法學校占上風的和最切實的代表的那些中學，不論在社會方面還是文化方面，都位於尖銳的對峙。這裡不去追查詳盡的歷史，只能說明這麼一點，這種雙軌學校制度的思維。在美國早已落伍，在英國已經漸漸失去它的生機，若是還沒有死去，此刻正在衰落。初等教育和中等教育，目前並不當成平衡的、自成單位和互不相容的，應是作為一個簡單的普通體制中兩個銜接的階段。綜上，初等教育階段，在 11 ～ 12 歲之間終止，賜予兒童的教育和鍛鍊，目標在於滿足兒童期智商的和品德的需求，而且為中等教育階段 —— 青年教育時期供應必要的根基。這裡，兒童互相間的本性差別就變得加倍主要，同時，明顯要求有與這種差別相應的不同類別的中等教育。不過，

第四章　天性和教養

全部中等學校，無論它們稱作「公學」、「文法中學」、「技術中學」或者「現代中學」，歸根究柢，都只關係到同一個問題的不同方面，這個問題就是怎麼有效的處置一個生命期間的問題，這個期間的中心實質是青年期。這個觀點並不排除課程上的極大差異。它只顯示著這些差異不應當是社會的差異，而是全部依據全國青年的本領、智力和需求的差異。因此，單單其中一點來說，一個富裕人的兒子，若是他有實質的思維，他的本領在重視文字教育的學校裡沒有發揚的時機，而在一所技術學校或者工藝學校裡卻可以得到發揚。英國文法學校的榮耀傳統未來會同化「抉擇性中心學校」，這些學校一貫在初等教育體系中處於一個不很適合的位置。

這大體上便是崇高的《1944年教育法》在英格蘭和威爾斯所釀成的狀況。這個狀況對教育行政人員指出了許多問題，不過最主要的、必然又是最難處置的問題，是引導兒童自小學升到最合適他們需求和本領的中等教育的問題。關於這個問題，心理學家必定有所觀點，而且必須指出來，儘管堅持這個觀點並不如何深得人心。沒有疑義（像上面所舉的一個案例），智力的差距將會經常提出這所學校或者那所學校做為適宜於某一孩子的一所學校，不過假設（事情常常是這樣）需要思考或是認可的獨一差別是「心理類別」的差別，那就忽略了一件十分主要的結果 —— 真實年齡相仿的兒童的

「普遍智力」，在中學時代，所包含的範疇那麼寬泛，要讓教學有一個相同的準則，既不是公正的，也不是現實可行的。在11歲這個主要的年紀。在我們大城市小學讀書的最愚笨的孩子，他們的智商年齡有8歲，最聰慧的兒童智商年齡有14歲或是14歲智商。一般意識到這幾句話的道理的人，沒有一個人能假想我們為了教育機遇平均的名義，必要強制於比較愚笨的兒童同一種課業，這種課業將持續的讓他們覺得力不勝任，而且剝削他們在他們實力範疇之內的工作中所能關於不能對自己孩子的缺點選擇現實主義看法的家長們來說，很難接納這樣的道理，這一道理可能不許他們的孩子研習某些學科，且別人的孩子然而能參與學習，而且得到使人滿足的成果和所理想的工作。不過，那個道理是能對全部兒童同樣供應一個能夠發覺他們的天生本領，並給予充足成長的學習氛圍的獨一的道理。一個社會，為了聯合的好處，必須在能發覺天才的任何位置去發覺天才，而且確保對他充分供應全面成長所需要的全部。不過，若是它聰明的話，它也將確保讓智商比較差的兒童的本領同樣的獲得培育。若甚至是為了「沒有這些本領，一個城市就不能寓居」，而且正是他們「將維護世界的規律」。因而，在這裡，本性的需求和社會的需求，若是說不是不可辨別的話，卻老是同歸於一的。

在發揚智商和能力測試的科學使用方面付出最多的心理

學家們，他們也最堅信這些測試只供應教育指揮和職業引導所應依據的證實的一部分 —— 儘管是一個重要的部分。不過，他們也贊同，儘管是有閱歷的教師的普遍記憶，也唯獨當這些回憶擁有包含一切相關真相的調查記載作有體系的引導的時候，才能供應可靠的證實。哪些類別的記載可能最為有效，採集、概述和應用這些資料的最好辦法應當怎樣，這是要進一步探究的問題，普遍中等教育的推行使這類探究擁有新的緊迫性。

第五章 模仿

第五章　模仿

　　回憶一下到本章為止我們論述的經歷，我們會意識到，對於策劃和印象，我們探究了身體和精神生活的兩種基礎的、到處充斥的特點；對於常規趨向和遊戲，我們探究了它們兩個最普遍的表現方式。在上面兩章，我們比較了環境和天賦對兒童成長的作用，而且探究了天賦所包括的某些較為主要的項目。目前我們應當使探究更加詳盡，調查環境和天賦在讓兒童生活定形上各自產生著怎麼樣的影響。要這麼做，我們務必再思慮一下人類本性的兩個堅不可摧的趨向。一個是模仿（imitation）的普遍趨向，我們將稱它為模仿趨向（mimesis），在這章加以探討。另一個是跟從某些獨特的活動路徑的趨向，我們將稱它為本能（instinct），在下一章給予思考。

　　模仿趨向（可以理解為一個人對接納別人的行動、情緒和思維的方法所展現的普遍趨向），它的範疇寬泛的遍布動物界，它的作用和獨特遺傳的作用那樣巧妙的交匯著，導致兩者難以分開。當前的目標是比過去越發在意模仿。比如，當今的人類學家在證明在互相阻隔的社會之間常常發覺的物質上和社會文明上的類似之處的時期，他們老是用「文化分散」來證明，而不用建設在天賦的類似上的「演進」來證明。乃至在低等動物中，對無心模仿的影響好似也是預計不足的。幼小的雞和雞雛，常常學牠們先輩或比較有冒險精神的同伴

的楷模，開始覓食和喝水，且叢林中的雉雞和幼小駝鳥，因為缺少這種覓食的天然刺激，或是缺少實驗者給予這種以假亂真的覓食樣子，聽說常因挨餓而滅亡。

　　上面的案例表示，模仿趨向可能包括許多不同水準的目標和志向。有意識的志向也許完全是沒有的，原因是當小雞覓食和喝水時，只是由於牠的鄰居這麼做。這是赤裸裸的模仿趨向 —— 最低水準的模仿趨向。不過，也或許有清晰的志向，像歷史上日本努力依照西方的路徑改變它的生活。這裡我們說的就是「有心模仿」。因此，有心模仿（imitation）和模仿趨向（mimesis）的關聯，就像意動（conation）和策劃（horme）的關聯、記憶（memory）和記憶物質（mneme）的關聯。在這三對稱呼中，希臘名稱（即 mimesis、horme 和 mneme —— 譯者注）描寫人類和動物行為的普遍特點，且對應的拉丁名稱（即 imitation、conation 和 memory —— 譯者注）則限制於有意識的活動。在人類活動中，這兩類模仿用很難發覺的等級從一類換到另一類。讓我們思考一個簡易的事例。一個小女孩，與她朋友一同下了課，大家跑步，她也跑步，她和大家團結一起，你追我趕，就像一隻小狗在相同狀況下也會那樣做一樣。這是單純的和簡易的模仿趨向，沒有考慮的印跡，或是只有極少考慮。若是她有一位了解「疾步」文化的特殊朋友，忽然用那種步調，她一定早晚會模仿

第五章　模仿

這種行動，最先跳得並不美觀，不過之後就輕鬆並且優雅了。這裡有考慮的要素，由於疾步儘管是一種輕鬆的跑步，然而並不是天然的運動，對它的環節沒有一定水準的留意是不能效仿的。當今，假設這個孩子年紀大一歲或者兩歲，看見她的哥哥姐姐在跳繩。若是她也去跳，由於她必定會去跳，她務必比上一次越發留意運動的方式或者運動的「觀念」，原因是這種運動更要做作，越發複雜了。在她年紀再大一些，比如說參與由很多人負責、有詳盡動作謀畫的人物舞。那就越發需要留意。要熟悉舞蹈的方式，記住它，而且依據她所裝扮的角色把它轉化為持續的、安排好的行動，既需要聰明的運用智商，還需要掌握組成的動作。這裡，純粹的模仿趨向已經顯然的轉化為真實的效仿了。

現在我們在兩個主要問題上有資料可以探討。第一個是模仿趨向和天賦的關聯問題，第二個是模仿趨向和「原創」行為的關聯問題。

很顯然，在純粹的模仿趨向中，所效仿的動作只是一個刺激，它在效仿者身上釋放出一序列原來籌備著的活動。一隻站在水中的小雞，在牠看見母雞喝水時，起初並不會喝水；一個孩子第一次看見別人跑步，並不會跑步，不然喝水或跑步所包括的痕跡複合已經在天生偏向中建設起來。在模仿趨向升至有心模仿的程度時，這種說法必須轉變。比如，並沒

有像跳繩這種方式的天生的痕跡複合等候釋放，跳繩務必學
兮。最多有一種對這種舉動覺得興趣的天生偏向，被招引來
做這種舉動，當作自我展現的一種形式。不過，人為的行動
的所有要素都在本性中生根。在研習跳繩時，所產生的狀況
是這些因素產生關係，且在原始痕跡複合中並沒有和這種連
結對應的對象。一個孩子面臨著逼迫他行動的處境，被驅策
著做幾何或多或少相關的舉動，經過嘗試過失，從這些舉動
中最後會選出一個適當的標準。這個標準一旦選取，就確定
下來，而且經過「穩固作用」完備起來。這個流程清晰的暗
示著孩子擁有理解別人行動的方式或觀念而且運用它當作自
己行動指南的本領。這種本領包括：第一，理解和她已經可
以做的動作對應的行動方式的因素的本領；第二，從這些因
素造成一個有道理的團體的互相連結中來理解它們的本領。
方式被理解了，孩子就奮力在她假設已經嫻熟的舉動中，建
設和形式中所保存的連結對應的各種關聯。這件事只有經過
嘗試和過失來做，這個流程常常和所效仿的動作相對比進行
校對，而且受到觀眾喝采的指導。一個痕跡複合就最終這樣
確立起來，讓跳繩實質上成為主動的動作。之後這個複合，
也許自己作為更加繁雜的行動 —— 比如跳繩舞的一個因素，
或是對並不包括這個動作所有的行動供應組成部分 —— 比如
有節拍的跳動。

第五章　模仿

　　語言本領的獲取是這些準則產生影響的最主要的事例。范倫坦（Valentine）留意到他的兩個孩子，在出生後一個月，對他所做的「咕咕」和「咿唔」的聲響，發出聲響來回覆。還有一個兒童，在出生後一個半月之後也能這麼做。他很慎重，做到「並不默示嬰兒在這個時期努力發出相同的聲響，或是乃至領會聲響之間任何類似之處。我們僅僅說，聲響引出聲響，這是一種先天的、相應獨特的反應」。這是純粹的模仿趨向，直至一歲時，效仿才達到最高的水準，這時兒童不但開始效仿一定的詞，並且用它們來表達情感或指示對象。在這個時期，兒童重複的研習他們所獲取的本領，促使能充足掌控，而且享受一種新的體驗。

　　大概在兩歲開始，呈現最初的句法，能結合兩個詞乃至三個詞來表達一個真相或一個心願 —— 這種句法好似一部分是自動效仿得來的，一部分是教學所產生或獨特發明的。一個聰慧的孩子從這一時期開始常常言語方面有驚異的進步，這種言語在它自己的簡易水準上是嫻熟的、清晰的，文法上是準確的 —— 作為表示他自己興趣範疇內的任何工作的現有的、適合的用具。難於區分無心模仿、自己指示的效仿和教學所指示的效仿對這種進步所做的功績。明白的是說話時的輕重緩急 —— 句子的聲調曲線 —— 乃至區分「標準」英語和各地方語言的重音，簡直都是純粹的模仿趨向。不過這

時語言中已有大量明確的、適宜的效仿，這種成果儘管一般視為固然，可幾乎老是讓人驚訝和仰慕，而這種成果之所以可以，全部是因為小小語言學家高度熱忱和持之以恆竭力的成果。從心理學家的主張來看，這種成果的最明顯的特點之一，是孩子在說兩種語言的處境中生長起來，熟練的用兩種語言相互的表達自己思維的能力 —— 就像一個音樂家，可以在差異的樂鍵上或者用大不相似的樂器彈奏同一個樂曲。

效仿和「創造」的關係對於教育十分主要。新型的教師們有時阻礙效仿，原由是效仿「管束自我展現」。這是一種差錯。最有首創性的人們，發覺他們自己關於那些沿著相似的自我展現的路徑走在他們前方的人來說，只是樂此不疲的效仿他們罷了。在莎士比亞以前的作品中，我們乃至不能把莎士比亞的言語和他同時期人的語言區分開來。事實上，效仿不過是本性創設的第一個時段，效仿的範疇越豐富，所發揚的本性也將越豐富。這個道理的某些必定的論斷是顯然的，比如，應當經過書籍指引兒童知道比他們在事實生活中能夠碰到的很多更好的同伴。其餘的構造需要越發強調。盛行的觀點以為個別教學只有對小組學生舉行，這種觀點有極大的危害。反之，我們越加看重讓孩子走自己的路徑，就越加必要擴充效仿的範圍。聰慧的、有膽識的兒童。能夠幫助比較愚笨的、探險精神差勁的兒童發覺他們自己的本領，指

第五章　模仿

引他們可以做些什麼，而且叫醒他們的角逐心。因而，學生的分組應當盡量大，前提是要讓教師能留意每個學生的進步和需求，而且不致採取消滅效仿傾向的獨斷的教學方式。這個前提十分主要。任何逼迫效仿的意圖，都會導致抑制或冷漠的立場，讓它不能達到目標 —— 這一實質，能夠顯示有很多讓年輕人崇尚文學、文化和品德行為上優良範例的用意不錯的奮力，因此會遭遇失敗。我們務必附帶提出，這種「剛愎」作風是對損害他的獨當一面的一種反對。這種立場，關於任何愚昧到有意識的或下意識的以為他（或她）自己應當被接納為效仿的典範，將會維持得格外堅強。

在這章開始，我們講過模仿趨向呈現在行動、感情和思維三個方面。意識生活的這些要素是那麼親切的互相結合在一塊，乃至在一個方面最先的效仿，常常都會分散到另外方面。因此，在女孩子當中，對一個被崇拜的女教師的效仿，也許開始是模仿她的字跡、她的語氣和她的頭飾，結局常常全盤的採用她的品格和觀點。崇敬者偏向於絕對的像他效仿的人。但凡妨礙對於這三個要素之一的效仿的任何對象，也偏向於妨礙對另外的要素的效仿。我們常常並不會用我們不喜愛的那個人的重音或服式，也不能對在重要問題上和我們觀點衝突的那些人的愉快或憂慮有何深切的觸動。因此，不同社會階層的語言的差異是他們的興致不同的原由，還是成

果，就不輕易講。不論在哪一方面，全是他們中間的嚴重阻礙。小學校協助社會團結的實質道路，那就是努力提升學生語言實力的水準，讓我們作為一個起碼擁有互相了解的最低條件——一種相同語言的民族。

就效仿影響感情而論，它引致「同伴感」或是真正的憐惜。這裡，效仿有其極主要的功績，由於我們之後會看到，感情是深切的牽涉著思維和行動的。對於這個題目有許多著作，尤其是某些法國作家用「群眾心理」做題目寫了許多。感情的彼此相同，讓各人互不關聯的各自為戰，轉化為一個擁有單一意識的團體，能展現高度的英雄主義，也能展現極度的狡猾醜惡，若是獨自行事，極少成員能提升或淪落到這種地位。政治煽動家和選舉經理人，他們的策略就建設在群眾心理上面，就像新聞記者能讓千百萬讀者跟隨他的政治反轉而極小不感覺矛盾。讓這些實踐成為大致的「同伴感」，是所有團結精神的根本，不論是在一個民族、一支部隊或者一所學校。

效仿的社會成效，在華勒斯（Wallace）的一本極有教育道理的著作中有過探討，隨後，麥克杜格爾和佛洛伊德在較為嚴苛的科學水準上探討了這個問題。麥克杜格爾的群眾心理便是依據我們前面稱作情感範圍內的效仿的「情感的直接感觸」。每當人們聚集在一塊時，從各個人形成的情感狀

第五章　模仿

態 —— 比如害怕或快樂的狀況 —— 輕易經過團體的感觸而
分散開去。因此，這種群眾就不再是純粹的群眾或各自為
戰，而擁有一個團體的某些明顯特點，好似當一些本不認識
的人們對同一喜劇藝人衷心的發笑時，他們暫且感到相互之
間保存著好感。不過，在一個無意的團體和一個有高度組合
的團體 —— 比如一個聯隊，一所有歷史的學校或是一個民
族 —— 之間，有主要的差別，這種團體有長久的歷史，有
留傳下來的傳統和不變的風俗，有建設在體驗到自己是一個
團體、體驗到和其餘團體的差別的根基上的協同的意識，而
且展現出一定的社會構造。這樣的團體，既是協同思想的媒
介，又是協同感情的媒介，因此能明顯的提升團體成員的智
商活動的品質。一個追趕某種協同利益的人們的自由聯合的
團體，比如一個政治或是社會的俱樂部、一個股份公司，或
是一個政府機關的公務人員，是另一種類別的團體，它對個
別成員的行為的作用，不是那麼明顯，但也許還更加主要。
不過組織差的團體，像法國作家所維持的那樣，但總是偏向
於把個人的心理才能降至較為低的智商水準。

　　佛洛伊德接納麥克杜格爾的情感的直接感觸，以為這是
實質，不過反對他用情感的直接感觸來闡明團體組織的開始
的主張。他提出，一方面，只有人們已經以團體的紐帶結合
起來，其中一個人所展現的某一種獨特的情感，常常不是致

使別人接納它，卻是有意識的回絕它 —— 比如，一個「自炫博學的人」關於一個讓觀眾感覺好笑的趣聞，並不感覺可笑。另一方面，他以為驚恐慌張在麥克杜格爾看來是情感感觸的首要事例，並不是團體現象。只要士兵還是一個真實的團體，他們是不會理會那種形成爭先逃跑的危害的。只有當連接的紐帶已經初步解體時，這種危害才產生影響。因此，團體的造成必然在情感感觸之外尚有其他根本。

佛洛伊德把他自己的道理建設在組成他整體心理學說一部分的一個觀念上。在他以為，一個團體，說來就好似家庭的擴充，讓團體成員聯合的紐帶便是讓兒童和他們共同的父親乃至互相間聯合的紐帶。那些紐帶先前在嬰兒期就浮現，且紐帶的訓練加強讓孩子有可能防止自我中心的狀況，即佛洛伊德所說的自尊。兒童在他父親身上尋找向外指引他的愛情的目標，同時造成他自我成長的（無意識的）志願。在這個道理上能夠說他自己和他父親作為一體。他和兄弟姐妹也有自居影響，不過這是隸屬不同的並且能夠說是低一級的自居影響。這是和兒童的實質自我的融合，並不是和他的志願自我的融合，是一種局限的自居影響，有著爭辯和角逐的餘步，而且依賴大家和父親的協同連結，乃至和他們在父親眼前的嚴苛的同等地位的協同連結。從這個看法出發，規範的團體是麥克杜格爾的有一定首領的穩固的團體。其他團體都

第五章　模仿

從這種團體獲得它們的特點，比如，任何團體，若是它的穩固性並不依賴一個活著的首領，務必用某種觀點（比如國家或者旗幟）替代他，這種觀點很輕鬆人格化，而且授予理想主義的靈光。

佛洛伊德的道理必然能夠表示學生互相之間和他們與行政的尋常關係，不過這個道理需要完善，包含在學校生活中所碰見的所有聯合和引導的景象。在尋常的狀況下，教師理所應當被接納為首領，而且成為組成學校秩序和校「風」的那些影響的首要源頭。不過，總還有其他次要的首領。其中有些是學生團體的正式成員，他們經過選舉或任用擔任職位。不過，其他卻是小團體的非正式的首領，只有兩、三個學生聚集在一塊，這樣的首領就會誕生，他們在每所學校和每個年級都可尋找。每一個教師必然要與他們會面，或是當作朋友，或是當作敵人。但凡工作和治理的狀況健全的位置，他們通常是團體的朋友，在這種狀況下，他們仍是它最有效的贊成者。不過，狀況並不老是健康的，儘管狀況健全的位置，邪惡也許潛伏，這是那些可憐日子的遺跡。在這種狀況下，教師應當把辨認誰是自然的首領 —— 由於他們不一定為親眼所見 —— 看成一件主要的事情，而且若是可能，要獲得他們的誠心和樂趣。若是他們固執難於管理，那就只有一個安定的策略，他必須用暴力抑制和平的敵人。不過，在

打擊之前，務必確有依據，同時，最主要的是務必牢記，最沒有能力的事情是攻擊一個不主要的跟從者而讓叛變的真正首領沒有危害的逃竄。

　　一個顯然的結果是，若是師生之間缺少共同的感情，沒有一個學校團體的品德狀況會是健全的。要有協同的感情，一個教師務必在他成人的精力中，維持著對年輕人的喜好和熱忱的單純的憐憫心。裝作有憐憫心是不足的，原因是沒有一種缺點會比感情的不誠懇更加會被察覺，而且沒有一種對象會那麼確定的致使不相信和厭惡。一個人不論他怎樣全心全意於教育工作，若是他發覺自然不給他這種永久年輕的人才，就應當把他的任務轉變到葡萄園的另一個邊際。

　　感情傳布幾乎全部是「生物學」的效仿或赤裸裸的模仿趨向。確實，有些演員證明了這一點，他們熱忱表演，深謀遠慮的在自己內心創設他們在外觀上描寫的情感。固然，在興奮的時候，常常可以藉效仿別人的冷靜態度而學到一些他的沉穩冷靜。不過這些結果只是表示，感情的生物學的效仿因為行動和它相同且輕便，因為行動和它不相同而遭受阻止。通常的說，我們不透過反省而渲染到別人的樂趣、熱心、恐慌或是他們的悲哀。不過，在思維方面和身體的行動方面，這兩種效仿都是多見的。任何清楚一個公告或是一個論點的意圖，比如清楚一段歷史的闡述或是學習一個幾何定律，都

第五章　模仿

能夠看作反思模仿的事例。由於這個經過的本質，在於一個人煞費苦心的想利用別人的眼睛來看，或是利用別人的思維來想。在採用別人的思維不是出於自覺時，這是一種較低方式的效仿，這種效仿常常稱為默示。默示最初為催眠的人所探究，由於催眠狀況的首要象徵之一，是被催眠的人將要歡然的接納向他指出的任何想法。之後默示被發覺是尋常生活的一個協同因素，而且成為許多實驗探究的題目。下面的試驗，足夠代表比奈在默示方面所首創的工作。

著者之前一個一個的接見過許多 10 歲的男孩和女孩，同時在友善的交談流程中，給每個人看一張畫著一艘快艇獨自在日內瓦湖上行駛的明信片。在孩子觀察 30 秒鐘之後，向他提議對於這張明信片的許多問題，當中有一個題目是：「輪船和快艇正在同樣的方向行駛，還是不同的方向？」在大概 20 個孩子當中，只有一個或者兩個絕對拒絕這句話所包括的默示，直率的說他們並沒有看見輪船。有些人露出不安的樣子，好像關於他們觀察不認真或是記憶不好覺得羞愧。有些人回覆遲疑。不過，還有幾個人好像有信心的點明假設的輪船當前移動的方位。

不問這些形勢可以怎麼證明，它們關於當兒童被成人盤問時，尤其是被他們不認識的人或是他們習性上尊重的人盤問時，兒童呈現的默示感受性，給了有樂趣的說明。這些形

勢，不論對教室中的發問，乃至在學校處置兒童有過錯時或在法庭上兒童證實的價值，都有顯然的關聯。

在社會的協同生活中，默示是一個有力的要素。惡意的閒聊和汙蔑的猜忌都形成於默示（請讀者思考一下默示的影響），同時，大眾流言的形成、傳播和活力，關鍵因為默示。要清楚「感情傳布」產生良好氛圍時默示的力量怎樣，我們只要回憶一下神話式的八萬俄國軍隊的古典事例。在1914年秋天，千千萬萬正直的人們使人佩服的證實他們在英國出現。沒有什麼事可以加倍清晰的說明默示和感情的親密關聯，心願無疑是思維之父。在廣告術方面，默示也有它廣泛的範圍，它會讓我們除最嚴謹的人之外都像故事中的老婦人那般，逼迫店員要買某件物品，「由於廣告把它說得那樣好」。勸服你去買一些你所不必要而且不想要買的物品的販賣商，就是這一類默示的專家。他並不用乾脆的進擊來克制你「對販賣的抵抗」，而是用幹練的手法委婉默示一種想法，說像你這麼一位聰慧人，想像不到會忽視這麼好的一個購物機會。你失敗了，僅僅當默示的迷霧已經消失，實踐的真實輪廓能夠看清晰時，你才覺得後悔。

當我們看到默示之前是歷史上各類迷信的重要支柱時，就要較為嚴格的看待了。比如，向來沒有絲毫客觀的證實贊成對巫術的信念，不過，乃至在冷靜的英格蘭，上至有學識

第五章　模仿

的國王詹姆斯一世（James I），下至他的最無學識的臣民，曾經一向流行過這種奇怪的信念。它像傳染病一樣，口口相傳，只能在最後接受批評的冷靜的挑釁時，它才被抑制，並且在調治影響沒有潛入進去的社會陰暗角落，它還是潛匿著。在我們國家，目前有一種使人感覺可惜的相配於對占星學和其餘形式的「神祕學」的信念的再生。這裡，像巫術同樣，缺少修養的渴望和恐慌為它籌備了土壤，而默示播種著信念的種子。種子萌生大多由於默示用假科學的偽裝呈現，這個真相在英國人民的培育上指出了一個極大的缺點。由於這個真相顯示，儘管科學已經作為一種擁有魔力的職業，不過在防備大眾的心理上面，它所做的事務的確小得可惜了。

隨著無線電話技術的興盛，所謂「宣傳」初步在產生廣大群眾的成見、觀點和熱忱方面發揮著影響，這種影響一向是主要的，並且常常是選擇性的。宣傳這個詞的意思應當是「散布新道理或讓人歸屬的一個團體」，不過現在常常不用在散布的起源方面，且用在所發布的對象 —— 而且還附加說明，這是有心要勸服人的。

而且也許是不準確的。最終一個假設是不公正的。一個宣揚工作者，在他竭力勸服人的時刻，也許只是講他深信不疑的對象，讓它自己去勸服人。在這種狀況下，只有當根源的確切性通過考驗，的確可信，讓聽眾不經證實或爭辯就接

納所宣揚的實質時，默示才含蓄的產生作用。宣揚錯誤的信念需要較為直接的和肆意的運用默示，默示找證明的辦法許多且奇妙，而且常常找到證實。

1933 年之後德國事變的進展顯示，當宣揚在極大的範圍上被運用，並以冷酷的維持性對整個民族舉行宣揚教育時，它有多麼壯大的作用，這種作用全世界絕不會遺忘，也不會不嚴穆的來探究。國家社會主義的信仰，對堅信民主的人來說，是那樣明顯的不符合和不任性，乃至公開探討這種信仰，必定會致使普遍的質疑它的道理和價值。不過，一方面，公開探討是從來不認可的；另一方面，一個社會在它的社會連結和固定的軌制被事變所損壞而且造成紛亂時，老是輕易接納一種期望援救和安定的新的生活形式，尤其是當這種生活形式所用的武力完全和孤苦伶仃的群眾的心情一樣，而這種生活又首要是訴之於他們的時刻。

這種宣揚的最大勝利就在教育的範圍之內，在那裡，大家很清楚。在幾年之內形成一種新式的公民，亢奮的感染著鍛鍊他們的那個政權的思維。要為這個恐怖的災難尋找一個挽救，是文明所面對的最嚴峻的問題之一。

若是假設德國人使用的默示，在民主國家的學校裡沒有相似的事件，那會增長幻覺。兩方面的首要差別是，在極權國家，默示的作用是用權勢在上面處心積慮的加上去的，並

第五章　模仿

且這種作用是沒有角逐的，不受批判的。不過，在民主社會，默示的作用好像沒有限制的發射或浸染，從國家的軌制和民族的古板生活習性、思維和渴望，浸透到學校中去。比如，英國學校不論在教育目標和辦法方面，名目眾多，服務於差別的社會階段所假設的利益，有時並展示極端個別化的教育目標和教育活動的思維。不過，很難尋找一所學校，不能清晰的看到特別的英國民族精神的要素。這是由於在民主的前提下，學校是一個小的宇宙，深切繁盛的國民生活，在這裡自在的得到迴響，而且由於學校的教師，不論他們是平常的專家或者有靈感的怪人，他們和整個團體一樣，有意識的或無意識的，全是把這些作用傳達給學生的媒介。

公平的思考一下這些和其他實質，將表示默示在我們的心境生活中發揮著重大的影響。比如，我們能夠用什麼其餘作用來證明宗教信念和差異的政治信念的地理散布呢？對於這些事情的信仰，有著將要和國界相同清楚的界線，這個實質並不證實「理智」在保持邊界上面沒有它的影響。不過，這個實質的確證實，對於那些對讓人們分散和讓人們配合有最大能力的事件，我們發覺，實質上發揮著影響的冷靜的本能，並不在於發覺道理，而在於顯示、證明和探究我們經過默示所接納的我們祖先的某些信念。伯克（Edmund Burke，西元 1729 ～ 1797 年）「選擇他的路徑像個宗教狂者，捍衛他

的路徑像個哲學家」，他僅僅以優秀的形態跟隨著人類協同的習性。

由於把默示感觸性看作只是人類本性的一個悲哀的缺點，這是一個極大的過錯。像常規趨向和遊戲趨向一樣，默示在個人生活和社會生活中，是一個最有用途的生物學的技術。沒有疑義，人的最終目標應該是遵守理智，部署他的一切事宜。不過，在那個理想達成之前，生活不能暫且停止下來，而經過默示，人們起碼在這時看見一部分遠景，沒有這種遠景，他們的確是要消滅的。

這些思考將協助一個教師去處理專業品德上一個最難處置的問題 —— 他應當怎麼運用默示。起初，他要留意，就像當他在教室中停留時，他不能讓自己不被人看見，他更不能倖免用默示感染學生。第二，他要記著，默示在實質上並不是自願的敵人，它是一個人在獲得限制自己天賦的經過中的一個必要的對象。從第一個道理來說，教師有權用默示影響他的學生，就像學生有權互相影響同樣，只要他並非處心積慮的把這種作用加之於他們，而只是把他卓越的學問和生活閱歷加進協同的儲蓄，讓他的小社會中的生長著的兒童能夠從這裡接受每個人所需要的對象。從第二個道理來說，我們得知，教師的默示本領，只須它能被限制，應當以逐漸的培養批評的、探究道理的習性為目標，沒有這種習性，人的

心理將隨處是枷鎖。抱著這樣的目標，教師不光有權，並且必須使用默示，或是直接的在他自身的教育中，或是間接的經過很好的選擇的書籍的媒介，當作啟示明智的夢想的最好伎倆。

這些準則是否能夠抉擇教師對於信念、品德和政治上能夠辯論的問題的準確態度呢？我們答覆說，這些準則不僅許可，而且要求他做到不讓一個孩子因為缺少機會失去人類最優秀的和最寬泛的閱歷所認同的希望的鼓動。這些準則還提出，關於已經達到親切的青年期的男孩和女孩，每當這些疑問自然的產生的時期，使他們自在的探討，這是反抗不健全的默示的最好的防範 —— 這種默示在熱情和意見中宣傳，在愚笨被人為的保持、誠懇的探究被停滯的地方鞏固結實。以嚴穆的精神，平和的指引他們的爭辯，方便每一種看法都能公正的指出，經過這樣的爭辯，年輕人可以最安適的發覺他們本性中的最深切的跳動，他們務必最終依賴本性的指引。

第六章　本能

第六章　本能

現在，我們一定要研究兒童活動的根本原因是什麼？他們在這些活動中出生，而且注定將這些活動轉化成自己的樣子。近代世界多彩的生活，難道只是被每一世代的創造性的自由的努力而改變了的長時間模仿的產物？或者不只有無意識的模仿，我們的天性中還存在某些力量，對人類活動一定要取道甚至自由創造一定要遵循的固定路線具有決定性作用？

如果我們在某些地方可以運用到人類生活的生物學這個觀點，那麼在這個地方求助於這個觀點，應當是有幫助的。我們如果直接去分析成人的活動，是不容易的，因為成人的活動是那樣的複雜，然而兒童的行為因模仿的原因，受年長者的諸多影響，所以若根據兒童的行為而得到的推論，或許會使人誤解。但是，一些高等動物如狗類和猿類，在這些動物的生活中可以發現有很多活動是人類生活的簡單模型，牠們的大多數行為可以分析成若干不僅保持在動物的一生，並且歷經數代而不變的自我表現的形式。根據「本能」這一名稱，我們非常了解這些形式。因此，我們有充分理由研究，人類複雜的生存根基是否來自於人類進化的過程中所帶來那些行為形式？還是只是來自於那些行為形式中的一部分？如果真的是這個結論，那我們在教育上付出的許多心血之所以沒有顯著的成果，有沒有可能是因為我們忽視了人類精力中

那些相近的根源，小看了行為和學習上能促進教育提升的真正泉源？

　　當然，在我們研究這個概念的時候，一定不要被「本能」一詞的含義所誤導。許多人一提到本能，經常認為就是動物為了達到牠們所不可以預見或解釋的目標，卻能完成牠們未曾學習過的複雜行為的各種奇異方法。拿昆蟲做例子來說，牠們的生活就是被此種本能所支配的，牠們那極其完善的裝備完全可以解決正常的生活問題。但是如果牠們遇到突發事件而本能的常規又不能處理的，就會出現法布爾（Fabre）所說過的「極度愚蠢」的現象，這就是為什麼本能的行為經常被當作是「刻板的」、「盲目的」，與「智慧的」行為完全相悖的原因。這就是我們常說的，動物行為受本能指引，而人卻受理性指引。

　　這個通俗的觀點，在形而上學的高度上又重新出現在柏格森（Bergson）著名的創造的進化論中。在這裡，在早期心理形式中人們把本能和智力的種子看作是摻雜在一起的，但是它們在每個時代中沿著完全不同的路線演變進化著。我們甚至可以這樣理解，昆蟲幾乎是完全被本能所支配，牠們的身體構造決定了牠們的活動方式，而每次發動活動，是透過對現實的直接感受，柏格森把它稱作「直覺」。脊椎動物則是走上另一路線，牠們透過運用智力，將人的邏輯力量和

第六章　本能

「瞻前顧後」的能力發展到最高的水準。但是昆蟲有時候也會表現出對環境的某種適應能力，這表示昆蟲的心理偶爾也受到智力的偉大的影響。顯然，在脊椎動物的活動中，本能則占有關鍵的地位。這就是為何在人們當中，直覺——譬如向一位神祕家或者某位情人——揭露智力的艱難道路所從未企及的事物。

暫且不提形而上學，我們透過觀察到的事情似乎證實了柏格森的觀點。固然，有一小部分的現代心理學家認為本能在人類行為上沒有什麼地位，他們提出這個觀點的理由有兩個，這兩個理由分別為，人類行為是善變的，並且這些變化顯然是由於外界的影響所導致的。可是，如果一定要堅持這個立場並且毫無讓步的餘地，他們就只能採用一種荒唐的想法，甚至還包括性行為。即使承認在動物中存在遺傳的因素，在人則完全是模仿和「不良交際」同時作用的後果，同樣，類似的解釋也可以對母親行為，和新生兒在被驚嚇到和飢餓時的這些行為做出說明。如果根據一般的觀察，還是不足夠反駁此觀點，那麼，對於動物幼年時期的很多細膩的研究，貌似成功的反駁了它，比如凱洛格（Kellogg）教授與他的妻子進行的研究，凱洛格夫妻一度把他們自己的幼兒與年齡與其相近的小猿放在一起共同養育了數月。這些研究作為證明兒童生活和動物生活最初階段之間的一致性的證據，無疑

是具有說服力的。無論誰和友好且聰明的狗一起生活過，和牠們有一樣的正當愛好、相同的娛樂，誰還能否認這種一致性是一直真實存在和並且是有作用的呢？總而言之，和高等動物相近的那些本能的行為，在人類的生活當中起碼有著一定的影響，顯然在他一些基本活動當中有它特定的地位，這點好像是非常明確的。

一開始本能被認為是一種複雜的神經和肌肉共同作用的機制，當它受到特定的刺激被觸發之後，就會有所行動，該行動方式取決於它的結構。這大體上是行為主義者的看法。然而，不被行為主義者的條框所束縛的心理學家是這樣認為的，本能在本質上是某種帶動的「驅力」，不僅一個動物的所有力量，甚至其智力和牠或許先天能遺傳得到或後天得到的所有動作機能，都將拿來為牠效勞。總而言之，這種觀點可總結為，本能便是一種具有先天的決定作用的趨勢。這種觀點代表著它是一種可以發動和操控行為的指導性影響因素，類似於行為被經驗中所得到的決定趨勢所發動和操控一樣。本能所引發的行為，或許按照某種相對應的固定的方式（此處典型例子可參考海狸還有鳥類的建造行為），也或許它們幾乎從開始就是具有可塑性的和可變異性特徵的，它們被發動活動的環境所塑造甚至被改變。我們的本能通常歸類於第二種類別，這是它們有時被誤解的原因。比如，我們發現在

第六章　本能

一個兒童變幻莫測的好奇心和不完善的「實驗」和一個被化學家或者物理學家磨練過的興趣和鍛鍊過的技能之間，有著非常明顯的差距。不過，它們被一個時期到另一時期的持續不斷的進步所連接。而這個進步被決定趨勢所支配。這些決定趨勢儘管常常受它們本身活動影響而改變結果，然而它們經常以最初的先天泉源攝取它們本身發動和左右行為的能量。那些拓荒者和那些探險家是非常難以理解的人物，不過，天生的求知慾和一種天生的遊歷慾（wander-lust）在年少蹺課者的身上表現明顯，在喜歡冒險故事這一點上則表現不太明顯，這些是他們構造的根基。好鬥則是另外一種類型的本能，遺憾的是它在幼時表現得比較早。傳記能夠回溯好鬥這一本能在行為中帶來的結果，最終，它變成一名投機者、一名冠軍爭奪者、一名著名足球運動員、一名政黨領袖或許甚至一名普通的慈善家的重要動力。然而，不論它的不成熟的初始可以何等的加以變更或者「昇華」，行為仍然持續從固定的先天趨勢吸收它的能量。在這個理解範疇內，亞歷山大（Alexander）察覺科學是求知慾的後代，藝術和文學是建造本能的後代，道德是社會本能的後代。然而，絕不能假設這個觀點完全能夠證明人類活動的任意方式。它們或許點明了最明顯的因素，但是經常還有許多別的因素，構成很難解釋其行為的複雜組織。針對這個部分下一章會有所說明。

某種先天決定趨勢，能夠用某種特別的身體情況、某個外界的東西或者某個特別的情形使它發動。飢餓就是第一種即欲求類的典型；好奇則歸於第二種，很多心理學家將這一種叫作本能。這兩種的差別可能不值得怎樣去強調，原因是它們頻頻重合。比如，我們稱之為愛情的突然沉迷（或洩露）開始看起來具備本能的確切象徵，但是，只有當身體達到特定成熟水準並帶有某種傾向時，愛情才可以占據至今仍然保持童貞的內心，接下來才叫醒我們一定承認它是或者起碼包括身體渴求的東西。另外，飢餓最初是一種純粹的單純的渴求，某種決定趨向，由它所發動並操縱的吸乳和吞嚥的行為已使它得到滿足並完全暴露其企圖以前，它最多能利用回想大概的猜想它的目的是什麼。它到底只是某種欲求，可是在一個飽食蘋果或者糕點的饞嘴的小朋友身上，它具有的原始特性卻被隱藏了，在這時它卻是用本能做偽裝。他想吃，是因他看見精緻的美食，並不取決於他的飢餓。

　　尤其應該關注的是，伴隨在孩子的成長，被飢餓控制的吸乳機制，變成上下顎和牙齒以及腺體在進食時的共同動作。以行為主義者的角度來分析，吸吮和吃東西是不一樣的本能，然而把它們當作某個獨特的決定趨勢的呈現，則更加合理。此決定趨勢，在兒童成長的各個時期，會運用各種方式來得到它想要的結果。麥克杜格爾的看法，1908 年首次公

之於眾，並且已經形成了非常大的影響。每類本能都被他分成相對獨立卻又有關聯的兩個方面：

☐ 一部分是感受周圍事物或異常情境的天生的認知傾向。

☐ 另一方面是與生俱來的情感傾向，它在某個事物或者情境之前感受到「某種情緒的興奮以及與之有關聯的特別行為中所展現出來的一種行動的衝動」。

最開始，在此理論的說法中，「某種情緒的興奮」是挺重要的。本能被劃分為三個部分而非兩個部分，當一個特別的事物或者情境，帶來某種刺激，有機體內覺醒一種特別的情緒，此情緒又繼續引出一個特殊的行為。基於這個看法，所有原始的情緒，不但分別和一個確切的本能相連接，而且還是那些本能的根本因素，同時也是它們所產生的力量的根源。借用商德（A. F. Shand）的觀點，情緒就是「性格的基礎」。於是原始的情緒，在現在的人類本能與早期人類的本能之間就表現出它們一致性這一關鍵點，人類早期指的是人類祖先與高等動物處在同一高度並且在行為上也相同時。

母親行為足夠證明此觀點，概因不論是女性還是高等動物，其核心因素均為「慈愛情緒」，此種情緒可由沒有依靠的孩童所招致，並且進一步變為愛護和全心投入的行為。因此，當人類從原始階段進步到人類現階段的過程中，於我們

的天性中一定在不知不覺中保存了此類情緒的記憶基礎，具備被此類事物所喚醒且進一步變成這種行動的動向。這種在不知不覺中形成的記憶的基礎在其進化過程中丟失了些許因素，在動物階段，這就導致了母親行為的範圍被限制。使其被相對不變的慣例所限制，然而在此我們一定要防止對我們低等的雌性們不公平。在動物中，「快樂家庭」也是常見的，可以看出動物媽媽的母愛可能不只局限於其自己的寶寶，有令人信服的故事顯示動物母親的保護行為有時遠比我們認定的常規的界限要多。然而，人類父母的衝動，明顯要比動物能夠發展到的高度更寬廣、更複雜。成人，無論男女（並非只有女子才具有這個天賦），他們的「慈愛情緒」也許會被他們未曾謀面的兒童比如工廠孤苦伶仃小童工所喚醒，而且或許會帶來很大結果甚至是國會和國家機關性質的法案。值得注意的是，不管持續多久，這種發展和原始的兩親行為一如既往的延續著。慈愛情緒就像一條線一樣連通著人類祖先和人類以及個人和社會，僅僅當我們時常注意到這些現象，並且把此種成長和它們自身的起源放在一起來看，它們才能夠被認同。

　　所以，母親行為與麥克杜格爾先前的觀點完全一致，然而德雷福斯（Dreyfus）即使在大體上同意他的看法，卻也認為情緒在本能中占有的地位很重要。德雷福斯覺得，一般引

第六章　本能

發本能的刺激可以喚醒一種「興趣」或者「有價值」的感觸，只有當被當作興趣的自然結果的行為被妨礙時，情緒才會顯現出來。比如，拿憤怒和好鬥這個有力的本能這兩者來說，不得不承認二者之間的關聯，然而，如果說好鬥這一行為一定是被情緒所引發的，是不對的。可是還有一部分人覺得搏鬥帶來的快樂這件事就決定了決鬥「是值得的」，所以不需要用憤怒的刺激來激發並支撐好鬥這個傾向。另據觀察，對於專家所說的「一般情緒表現」，人類所表現出的程度有較大的差別，但是經常這樣，低階的情緒表達並不一定同時也是低階的本能力量。《笨拙》（常常是一個靈活的心理學家）曾刊登過的一幅漫畫中，把某位聞名的首相塑造成「極度的冷漠無情」，然而這個政治家堅決保持冷漠無情，來抵抗最強烈的反對派，對英國古代憲法進行了史無前例的改革，在麥克杜格爾最後階段的理論中，在接納這些事實上，有了很大的進步。

不得不承認，關於情緒在動物的生活中的所占地位是個很難解決的疑問。如果避開每種本能都要利用一種情緒並且吸取它的力量這個觀點，就很容易把某些情緒當成行為的單獨根源。因此憤怒和恐懼一定是和本能相像的情緒。憤怒被某種異常的刺激（恐嚇或妨礙當事人的自我表現的一些事物）所喚起，並且表現出想要打破阻礙的行為。從動物身上，很

容易預知其憤怒的時機，原因在於自我表現的衝動的變化不是無限的，而由情緒引發的行為又是相對不變和能夠被預見的。假如，一隻狗想要搶奪另一隻餓狗的骨頭，那隻餓狗必定會憤怒，而且牠的憤怒必會演變為狂吠。再比如，一個輕率的保姆想要從一個幼童手中搶奪他的寶貝，差不多可以預見他將會有什麼樣的行動。狗發怒的時機與其憤怒所帶來的行為，在牠整個生命中大體變化不大。你不會看到頂聰明的一隻狗被某首嘲諷詩所觸怒，又或者去安排一次狗的反攻，去打敗牠的敵人。但是，孩子長大成人後，他們的憤怒或者激動可能只因聽到一個不公平的故事也可能是由於有人誤解他的詩抄襲。他或許首先會憤怒的寫一封郵件給《泰晤士報》而尋求慰藉，也或者他姑且有禮的掩藏起來，卻在他的某一篇小說中，將他的批評者透過一種貶低性的形象表現出來。

因此，憤怒與好鬥的關係是偶然的卻不是有機的，恐懼和逃避的關聯也是同樣。因為危險的逼近所引發的恐懼，必定往往伴隨著「規避的行動」（借用戰時的暗語），因此恐懼好像是本能的局部。然而，有時候，恐懼也許不會引發行動卻是一時的完全停頓情形——比如一隻被驚到的動物「裝死」，還有時候，一個人如果正處在十分危險的境況，或許會想辦法逃脫並度過危機，而不會感受到任何恐懼——儘管在事後或許感到恐懼。

第六章　本能

　　培根（Francis Bacon，西元 1561 ～ 1626 年）有句格言「報復是一種野蠻的公正」，對於本能和恐懼，本能和憤怒等情緒之間大概的關係，是一個有效的暗示。他點明它們在生活中或許有著交替的作用，然而，由於情緒的起源比之更為久遠，因此它們是更加未成熟和更加原始的自我表達方式。接受過生理學訓練的心理學家（比如麥克杜格爾）向來覺得，即使本能中的確切的認知在大腦皮質（中樞神經系統的最新產物）中有神經上的關聯物，情緒的關聯物卻存在於發展比較早的區域，就是視丘。黑德（Sir H. Head）和黎佛斯（Rivers）發現皮膚含有兩組神經因素，對他們區分「先起」粗覺（"protopathic" sensibility）和「後起」精覺（"epicritic" sensibility）有所幫助，此發現與上面提到的觀點是相同的。這兩種感覺中，「先起」粗覺是未成熟的、模糊的，又確是原始的 —— 在這些層面，與所有患有腎臟疝痛，或者盲腸炎，乃至是兒童時期的「胃痛」的患者所熟悉的感覺相差不遠。我們關於所有確切的知識都憑藉「後起」精覺 —— 對於空間和時間的知識和經驗的數量層面以及品質層面的劃分，只因雖然「先起」粗覺的因素在大腦基部的視丘中傳出它們的神經流，「後起」精覺的因素卻把它們的神經流向上送到大腦皮質。他們的觀點是，情緒起碼能被看作主要是視丘或「先起」粗覺系統的反應，而且還保留了不少它的原始特性。

這裡所總結的觀點完全可以證實本能和情緒之間的關係的緊密且多變，由於它證實了，對某個情形的反應有時或許處於一個獨立發動的本能或情緒，有時或許出於兩者有組織的聯合。這也證明了情緒在有機體生活中所在的一般地位。卡麥隆（W. B. Cameron）點明，危急情況帶來的強烈情緒或許會刺激有用的內分泌 —— 能夠立刻提升肌肉的力量和效力的腎上腺素。透過對這些值得注意的現象的了解，我們發現視丘系統控制身體組織的證據 —— 情緒的「表現」和其他隨之出現的現象對這種控制作用提供了進一步的證明。

　　任何一個經歷過全面戰爭的人，對於情緒為人類生活帶來的重大影響是不需要有所說明的。然而，我們必須知道，它們在平時偶爾也能產生決定性的作用，並且還不只是在犯罪和冒險中起作用。比如，憤怒作為一種強烈的情緒能夠發生和消散，但由它產生的行為路線卻能夠維持和發展很長時間。對孤苦無依的人的同情心理是善良的勛爵的生活動力，然而，若不是由於當他在哈羅公學求學時目睹過一次非常可恥的窮人葬禮而被激起的濃烈的憤怒情緒，他或許一定做不出那般偉大的事業。除去那些決定性的時刻，情緒往往也可以提高生活尤其是社會生活的生機和興趣。基汀與另外一些作家基於這一點，宣導美學科目在學校課程安排中應擁有關鍵地位。無疑，無論是對詩歌以及音樂的美的熱愛、或是對

第六章　本能

優秀小說以及戲劇的熱愛又或者對審美的技藝的欣賞，它本身對人就發揮了薰陶的影響，開啟人類經驗中不少具有極高價值的珍貴景色，而且對於「緩和和減低」情感的原始的未成熟性達到「恰當的程度」是有益的。我們可以否定的僅僅是這樣一種含義，就是以為不需要別的地方供給薰陶情感的機會。實際上，存在於現在數學和自然科學的教學當中的一個緊要缺陷就是因為它相對的缺乏訴諸比較高尚的喜愛。

在結束本章的題目之前，我們一定要簡略的分析一下它和本書的主旨之間的關聯。我們透過對本能的一些闡述，發現有某種含義，假設說不是某種開門見山的陳述，也就是認為本能能夠被看作是相互分離的一些單獨的東西，將它們合攏起來就組成一個人的自我，好比一部機器由若干輪子所組成，或者一個輪子由若干分子所組成一樣。所有這種好比機械的理論一定要捨棄。我們一定堅持先有有機體之後才有的本能，而每種本能僅僅是自我表現的獨特形式，主要因為它們在有機體種族歷史發展進程中對個人和種族持續有用而發展起來並被「納入管道」的。本能毫無疑問的指示出認知能力和自然能動力量沿之前進的道路，然而，有機體在它創造的時侯，為了在所有獨特本能範圍以外這個目的，能夠應用此前進的結果。比如，在遊戲過程中發生此種狀況，在遊戲過程中，生活的欲望，這種創造性自我表現的欲望，或許會使

用到所有本能。在科學與藝術的「不帶私利的」行動中也會有此情形。在科學中，人的自我表現尋求某種針對自然的單純理智的掌控，不止於他已經深入了解星球系統以及電子的自然奧祕，復原已經沒落了的東西的起源，而且能猜想「未來世界的面貌」，這種堅持掌控自然的努力是不會被放棄的。因此，這種在藝術和技藝中不出於跟人利益的自我表現，經由嫻熟的動作，感知四周生活中美的「有意義的形式」。

　　對於本能的這些總結性的幾個點，我們一定要注意，每個我們和外部世界策動性往來的特徵就是生命的感覺，經常強化為兩類情緒，它們也是概括的性質。麥克杜格爾將這兩種情緒稱作「積極的自感」和補充性的「消極的自感」。「積極的自感」即當我們活動進行得非常順利尤其當我們自身「控制情境」時，我們所感受到的意氣風發的感覺；「消極的自感」指的是當自我表現受到磨難或妨礙時所感受的屈辱的感覺。這兩種情緒在尋常心理活動中占據重要的作用。「積極的自感」顯然有利於創造性的活動 ──「一事成則萬事成」；然而消極的自感會使我們預見，是促使自我表現沿著它所選擇的道路前進並堅持這條道路的心理磨練的基礎。然而，兩種情緒都會帶來有害的而且是病理上的過度放大。「積極的自感」倘若過分放大就會走上殘暴的道路，為破壞而破壞，會破壞家庭和睦、社會安定和政治穩定，帶來無數罪惡；「消極

第六章　本能

的自感」如果發展有異，就會變成為自己牟利，每每帶來可悲的後果。當這兩種情緒脫離了它們應當為之服務的建設性的或創造性的活動時，它們就能夠在心靈的陰暗角落找到伴侶，並且就在這個陰暗的地帶醞釀著所謂殘暴色情狂與受虐色情狂的罪惡活動。

　　佛洛伊德對本能的定義和麥克杜格爾對本能的定義有些是吻合的，雖然就像米契爾（T. W. Mitchell）所提出的，佛洛伊德認可的本能好像僅僅限於那些形成於有機體內部卻在外部尋找它們對象的本能 —— 這些被德雷福斯稱之為「欲望」。然而，佛洛伊德一派對麥克杜格爾的指責很嚴重，因為在他的方案中，設定了很多獨立的本能。然而佛洛伊德學派宣導把人類行為總結為極少數根本類型的衝動的各個方面表現，在這些衝動類型中。我們耳熟能詳的，性本能的衝動占據非常重要的地位。

第七章　自我的生長

第七章　自我的生長

　　七歲的佳克，第一次到大城市參觀，母親帶著他搭乘電車。售票員和司機的使人驚訝的舉動大大的吸引了他，他所提的很多妥當的卻不得其時的疑問很讓他母親為難。參觀結束，吃過點心之後，他馬上開始反覆下午的經歷。會客室成為電車，母親和和藹的姑媽成為乘客。他自己自然是售票員，不過，因為沒有玩伴，他肩負著雙份工作，還要當司機。他背著袋子做錢袋、一個案頭鈴做剪票鉗，他收羅車費，發配打好孔的車票，停止電車，又發動電車，偶爾執行司機職務。奔向制動機，對電車鐵道上違反交通法則的行人發出警報。正當他玩得十分興奮的時刻，被喊去洗浴和休息，對此，他表現憤懣和抵抗。

　　或許持續兩、三天，佳克首要是一個電車員工。而後，他猛的想到當個飛行員的榮幸，行駛著戰鬥機飛過英吉利海峽；或是做個牛奶送貨員，推著攪乳器和手推車來回送牛奶；或是做個牧師，主辦著洗禮。因此一向是個電車員工的佳克，他又變成飛行員、送貨人員、牧師等，變化多端。

　　讓我們依據上章的道理來探究這個習見的故事。最初要留意的是故事用訴諸必定的職能 —— 驚奇的職能 —— 開始。不過，佳克想到的電車員工、飛行員等不僅僅一些招引暫時留意的瑣碎的新穎事物。他們全是雄偉的，儘管不是那麼勝過一切，以導致他感到微小無力，導致恐慌或者高度的

消沉自感，即顯然「自卑感」，卻已足以突出，條件讓自己適宜某種不能擺脫或忽略的對象。接著他所做的遊戲便是他對這個挑戰的回覆。這是一個樂觀的行為時期，它持續而且完成了上面的消沉時期，同時又感到樂觀自感的贊成，這種樂觀自感在成績優越的時候，或許達到「興奮」的水準。

另外我們務必看見，只有佳克的自我感受指向行駛電車，那麼，全部其他職能的和情感的趨向，只須有點關聯，皆和駕駛電車相關起來。這時，「採集職能」就只在電車票上，「嘗試」（「建築」）職能只為那時的工作辦事，工作感到干預則立即憤怒，而其餘狀況就不會憤怒，碰到失敗就悲傷交集或對失卻的機會心心念念，渴望向他指出需求，渴望的心情期盼著再來一次遊戲。

這種遊戲能夠稱作試驗性的自我建設，由於它和嚴穆的自我建設工作的差別，只是在於結果較為的不安定。在假設遊戲的年紀，自我展現的心思就像飄忽無定的指南針，有時指向這裡，有時指向那裡，跟著樂觀自感和消沉自感盤旋，而且帶著其餘的情緒趨向，它們在這一段時光內都把自我展現的目標當作它們自己的目標。佳克在他七歲時依次的試驗每一件事，卻沒有一件是久遠的，再過十多年，他也許已經著手一個有前程的工作，比如說當一個電機工程師。他已經常年不關心行駛電車或者牛乳業的招引，他也甘心讓別人在

第七章　自我的生長

皇家空軍或者教會享用盛名而不和他們角逐。他的自我展現心理已經長久的選擇了電機工程的目標，除了在假期之外，不再變更。不過，除了自我展現心理採用獨特的生長路線之外，在準則上，佳克二十歲時的自我和他七歲時的嘗試性的自我並無差別。基本的特徵仍然不變——他的職能的和情感的生活力關鍵是按著他自我展現心理的「定向」所予以的目標流動著的。基於驚奇和「嘗試」趨向的衝動，關鍵的從事於這個優勢有趣而構成科學常識和專門技巧，鑑於那些隸屬憤懣、妒忌和其他最初的和後來的情感的衝動，就和它們合力撫養佳克成長的合流。

目前很清晰，自我的成長能夠看作根源於職能和欲望的衝動，漸漸組織成長久的謀畫性體系的經過，這個謀畫性體系，在有機體內擁有最高職權；也能夠看作環繞著職能和欲望，從職能和欲望形成並從它們汲取力量的認知和行動偏向，確立起一個極大的痕跡複合。像一切心理情懷一樣，自我情懷務必看作能動的而不是停止的。它是一個人的本性的相對長久的基本，展現在思維、感情和行動的同一體系之中。不過它又是被它自身行動的結局不停的變更，而且經過鞏固作用不停的變更一個較為一致、有必定情形的構造，有助於到達更高度的展現性。

便是這一個極大的情緒，它的成長和行動被一個優越的

傳記作家的卓識所發覺，或是被一個宏偉的小說家的設想所描寫。我們不能嘗試闡述所有它的盤根錯節的狀況，不過，採用商德的剖析，我們能夠有益的留意到，它關鍵的是由某種擁有典範性的大塊潛伏情緒所組成的，這些潛伏情緒的行動就是情操。若是讀者再想一下電車司機佳克，而且短暫回憶一下他的滿身熱忱怎樣集中在進行一件事件，他就會了解商德予以情緒這個名詞的專門意思。若是那種狀況證實是長久的而不是短暫的，我們就能夠說形式電車的「情緒」已經作為佳克的自我的構成部分。反正，一種情緒不是獨一的情緒狀態，而是多種感情即心緒、欲望和渴望的體系，這些情緒依照某一獨特對象構成起來，而且擁有相當水準的安定性。

　　吸菸這一使人感到興趣的壞習性，是對於情緒的一個單一事例。吸菸的根本是一體系身體的欲望，或許只有心理剖析才能尋找出它們的根本。不過環繞這些低等的衝動，能夠形成一種情感構造，它能讓肉體的習性提高為莊重的社會功效，乃至作為婦女一度歡慶她們好簡單獲得的自在的莊重儀式！一個往常的耽於愛好的人熱忱的期盼著吸菸，謾罵缺少香菸或火柴，由於他沒法吸菸，只想延伸吸菸的興趣，以擅長判定菸草牌子或者菸斗的好壞驕傲，有時「了解到滿足愛好的不良結果」，卻經過相等時間，愛好又反覆了。全部這一切全是一個單純的情感的標記。改變一下稱呼。它們也適

宜於一個平常女子關於服裝的立場。關於這一件事，有辨識力的哲學家們由於它的主要性而慎重的寫出了很多文章。這裡又是一種情感，它從卑微的身體需求形成，招引了廣泛的情感到它的範圍，並讓審美識別和實質技能的崇高能力，獲得訓練的時機。有時它也許效勞於沒有價值的目標，不過只有一個愚笨的或者有成見的批判家才會降低它也許到達的精神高度。一個公平的考察家將會看見一個有天分的女子的裝束情感在發揚卓越的本性上發揮著多麼主要的影響，而且將會以感動的心境，領會到它給社會生存的價值。

這兩種情感就是愛的事例──愛吸菸和愛裝飾。看成情感，它們表達了商德的主要論斷，表示愛不是單純的情感，應是具有多種情緒的體系，這些情緒依據當事人和所愛的目標的連結的不同時期而形成、互相代替、消亡和復原。愛的背面，我們務必提及憎。憎亦是情感，並且憎所包括的情感要素沒有一個不可能展現在愛裡面，儘管這個實質初看會使人驚訝。比如，憎惡吸菸，像愛吸菸相同，表示感到愉悅、懊惱、勸慰、希望、悲觀等。這很多情緒是相似的，只是機遇不同罷了。愛在它的目標面前感到興奮，而且力圖和它產生更充足和更富足的交易；憎就把它當作一種沖犯，而且想辦法銷毀它，或是至少躲避它。

教育該教人愛其所當愛，憎其所應憎，這是一個陳舊而

又長遠的道理，不過這句格言絕不可讓我們犯如此的過錯，以為愛和憎擁有相同價值。由於愛促進人去發覺和發揚它的對象的寶藏，它是一個成長和擴充的準則；且憎的目標在於消滅和它目標之間的各種連結，如此，它便是必定沒有結局的。只有讓憎為愛效勞，消除對愛的成長的阻礙或是洗刷有損於愛的崇高的那些要素時，憎才是有結局的。因此，用憎恨其他民族為中心的「愛國主義」是同情而沒有結局的對象，不過，對汙染國家歷史的那些事情的憎惡，但是國家光榮最可靠的保障之一。相同的，以小見大，對「渙散」和不嚴穆的憎惡，是「治學精神」的必須要素。

我們的論斷是，學校教育的中心工作在於鼓舞愛的情感，而只應當像花匠用剪刀修去耗費樹液和危害美觀的茂枝那般去運用憎的情感。因此，不論教什麼科目，第一步應當這麼把它教給學生，讓學生樂意探究，以確立堅固的愛的根本。若是這一步做得好，而且一直很好的如此做下去，那便沒有需要去消除和任何可以好好學習的科目分不開的苦力了。真實的愛的過程向來不是坦蕩的，它也向來不能夠是坦蕩的，原因是只有挫折、絕望和暫緩的希望可以引起創設單純的情感的力量。另一方面，必須認同，校內外沒有一種工作可以獲得學生的愛，不然它訴求足以劇烈的職能偏向，也沒有一種工作能維持學生的樂趣。若是重複的小小的成果不

能超過無意的挫敗所面臨的消沉。麥克杜格爾很感人的表達了這個準則在獲得一種「喜好」，比如對一種遊戲或者戶外活動的愛好時是怎樣使用的，這個準則同樣的適宜於獲得較為嚴穆的樂趣。若是像一位不依民俗的校長所見解的那般，希圖每一個學生對某種學校作業或事業擁有一種「熱忱」，使讓能竭力而為，而且以果敢和創設的精神去做，這是十分必須的。

下面一些引文，根本上概述了上述道理。「人類的和諧活動（比如一種情感），一旦超過單純生理學的或反射的水準，是由一種想法所形成而且被它所連接的根本能力的某種組織……不過要留意，當我們說到一種想法當作自我擴充的用具的時刻，我們指的是行為中的想法，不是當作明智體會對象的想法……作為想法，它無力作用行為。只有在想法成為表述能力，即自我的重要材料的用具的時刻，它才有能力影響行動。這是人類最宏偉的教師所經常認知和使用的道理。這也是普遍教育『系統』最後得以創設的根本。」

上面所表達偏離了本題，讓我們再返回佳克，而且想辦法彌補他的心理成長史中的一些欠缺。

對於嬰兒的心理生活，不會直接了解什麼東西，我們只有像調查和解析動物的舉動那樣去調查和解析他的舉動。不過，無疑的，在最初幾個月裡，自我最堅決的因素之一已經

確立，這便是環繞原始的身體欲望和發揮著生理學影響的歡樂和苦楚而形成的情感或一群相接的情感。依據心理剖析家的見解，這些情感的早年歷史對之後的生活擁有深刻的意思，由於它在很大程度上，抉擇一個兒童的個性會是和藹的或是偏執的，他會作為一個到外界去找事務做的「外傾者」或是關鍵關心他自己情緒和思維的「內傾者」。遠在佛洛伊德之前就有人認可，與饜足身體上的欲望有關的情感。不論它們生長變成酒色之徒的荒淫無度，或是聖徒的禁欲主義，關於個性發展都尤其關鍵。

　　以佛洛伊德的話來說，嬰兒早年的內心狀況表示一種「自愛」。他絕對為自己而生存，或是寧願說在他認為，除他自己之外，再沒有什麼對象保存了，世界進展的經過不過是他身體上饜足熱情和苦痛的一種故事罷了。不過，從這朦朧的、無所不容的統一體中，事物漸漸的呈現了 —— 這些東西自詡為母親和父親。跟著他們的呈現，那些最陳舊的能力 —— 愛與憎，起始在這個新的內心身上發揮它們的慣用伎倆了。綜述，若是我們堅信佛洛伊德，這時形成一種情形，它比成人生活中的任何情形更適合稱作「恆久的三角」。在這裡，兒童務必進行他品德生活中的一次抉擇性的戰鬥，由於從這個戰鬥中不知出現了他的「自我」 —— 這個自我的表現清晰的描繪在意志中，並且經過和父母一方或是兩方的自詡

第七章　自我的生長

　　影響，形成了他的「自我夢想」。換句話說，便是不同於他當前實質狀況的、他也許是如此和應當是如此的理想現象。以商德和麥克杜格爾的話來說，便是他著手在他心中確立起母親情感、父親情感和自尊情感，且在自尊情感中確立了意識和本心的初步根基。我們怎麼看低佛洛伊德的「戀母情感」道理，毫無疑問，佳克將會從他和他父母的連結中 —— 而且在較小的水準上，在和他兄弟姐妹的連結中 —— 獲取很多痕跡情感，它們將會或好或壞的作用他之後的舉動和美滿。因而，在佳克要結婚的時期，儘管說他會無意識的再去找他母親難免過分輕率，不過我們可以預想，在他新確立的連結中，他的舉動將會樂觀的或消沉的感到他生命中最先的親暱的男女關係的本質的極大影響。由於正像商德所提出的，我們也曾講過，每一種劇烈的情感都形成它自己的獨特本質，這種本質常常在類似的情感中重新出現。相同，我們能夠預想，在佳克看待家裡的貓和狗的情感中所成長起來的本質，在他看待他擁有和對貓狗相同獨斷的職權的人們的舉動中有著它們的色調，或若是它們不用一樣的方式展現，也許會象徵性的展現出來或是用在「無意識」的昏暗中行動著的其他標記展現出來。相同，佳克在他看待學校作用的情感的成長中將會發覺一種平和的和細膩的工作的夢想，他在電機工程師的成果，就依靠於這個夢想。

他們假設佳克的父母是有主見的人，不過，若是父母缺少智謀或是沒有實際使用智謀，就早年家庭關聯中的缺少輕易形成兒童個性上的缺點或瑕疵，這些缺陷將作用他的終生。「養尊處優的孩子」便是一個事例，他的較為清晰的特點不需要心理剖析來診斷，不過，還有很多較為奇妙的不良教育的結果，它們也許形成極大的禍患和災禍，而且嚴峻的影響以後工作的成果。有些兒童，他們在學校一向頑劣，無非因為他們生性不良，應是因為得不到愛便去惹人注目，或許乃至去尋求有害的處分的愉快，來代替母親的慈祥；或許形成妒忌和經久不衰的、無理的憤恨，驅策著孩子們走上罪責的途徑。還有很多對母親或是父親或是家長代勞人（比如一個強有力的朋友或一個教師）的不健壯的「固戀」的狀況，讓受害者不能在合法的年紀產生對他們的自然的依戀，或是在特別的狀況下闡明「自己的意識」。實際上，對直接相關的人來說，成長的事宜並不老是簡易的或是安定的。因而，關於兒童成長有重大職責的父母和教師應當好好探究兒童成長所碰到的挫折和危害，意識到我們對我們所喜愛的年輕人的主要職責，對於幫助他們培養堅定的自立精神，且我們對他們所能造成的最大過錯，只是讓他們變成我們自己的附屬物。

　　對一個無意的調查者來說，佳克從誕生到貼近成人，他的發展好像可以區分為幾個明顯的時期：嬰兒期、幼兒早期

和晚期、兒童期、少年期和青年期。每一個時期都擁有很顯然的身體的和智力的特徵。心理學家們偶爾宣導這些時期在波浪式的成長過程中相互銜接而各時期之間又有停歇，不過比較細膩探究一下成長的實質，這種觀點好像難以置信。目前看來，成長線並沒有準則的和廣泛的浮動，不過整體來說，它是穩定上升的。確實，它或許時常呈現一種較為陡的上漲，或者到達一個「高原」，表示變化的忽然加速，或是遲緩下來。不過這些偶然事件產生在不同孩子的不同年紀，並且好像是因為個人或是外部的或內在的要求。不過，這種不規矩的景象在兒童的成長中有時或許呈現一種有趣的變化，或是乃至一個危害，一位學者對於他女兒語言成長的記載關於這一點供應了很好的表現。在她 15 個月時，她學會了 15 個字，在之後幾個月中，好像增加得極少，儘管她父母在她 19 個月時所記載的記憶是她的「語言儲蓄池」靜悄悄的滿起來了，並且必定有一天會忽然外溢。這個預想靈驗了，由於在她 25 個月時，第一次使用了 50 多個字。另一位德國教授斯篤姆普甫（Carl Stumpf，西元 1848 ～ 1936，范倫坦使用了他的資料），抱著又傲慢又驚奇的心情記錄了他的兒子在三歲三個月的時期，忽然有一天開始講標準的德語，好似「聖靈降臨到他身上」。相同的景象可能產生在任何年紀，而且和任何實質的樂趣或任何一門知識有關，就像學者所準確的

維持的那般，從教學法的看法來看，這種景象十分主要，最老練的智力也需要有它的「潛在期」，在這個時期可以堅固過去的成績，籌備新的發展。

在最先五年內，家庭能夠給小佳克所需要的所有——母親的關照，父親的愛護和友好，自在的追尋自己的樂趣，而且不愧的運用年長的人當作他們的對象。不過，他的父母有著當代的看法。在他們的孩子年滿兩歲時，抉擇把他每天有幾小時交付給離家不遠、裝備完備、管制周到的嬰兒學校。在這裡，兒童接受只有極少人能在家庭享用到的更加健康的管制和範疇，更加寬泛的教育行動。他們培養有規矩的衛生習性，包含午餐後一小時的午休。他們不光在室內外玩耍中，並且在和適合的籌備餐點相關的日常職位中，在安置學校處境和另外社會服務的任務中，掌握和其他兒童相交。讀、寫、算準確的被排斥在嬰兒學校之外，不光對本質上比讀、寫、算還主要的語言卻獲得常常的非正式的培育。還有很多遊戲和玩玩具的機會——有時獨自玩，有時和朋友一起玩——讓兒童有遐想和創造、跑步、跳舞和登攀，乃至其他各類體力研習的機會。兒童從這些行動中所能獲取的對象，遠勝過在這個時期正式的功課所可以給他們的對象。也不需要在學校和家庭中間隔絕一條鴻溝。優越的學校，希冀做到雙方親切的連結，鼓舞家長到學校考查，與英明的校長探究

第七章　自我的生長

對於他們孩子的成長和需求。

　　一個英國孩子，年滿五歲就得到教育法令制定入學的年紀。佳克在這個年紀就轉學到幼兒學校或是小學幼兒部，經過這道門，他在七歲時就加入小學，在這裡度過他的兒童期的光陰（七歲到十一歲多）。他目前有嫻熟的口才，可以清晰的、準確的自己表達在他能力範疇內的所有題目。他已經學會了讀和寫的本領，乃至已經著手私下閱讀簡單的書籍，當作自己的派遣，且他已經著手接觸數的奧祕。因而他已經學習初步的掌握將來練習的基礎工具。不過，在福祿貝爾與蒙特梭利的作用占統領地位，他們的思維獲得很好擴充和使用的境遇裡，兒童的樂趣和本領，在許多更加招引人的傾向有了進展。比如，在音樂方面和培育簡易的建設本領技藝方面。在行動方面，他也已經遠遠超越了標記著嬰兒期的對他人的依附，正在研習自立自主的精神。

　　目前，在小學裡，佳克最先有些膽小，不過不久就認知到一種驕傲感，他拿出了小學生的位子和威嚴，家庭已經丟失了唯吾獨尊的位子，且退居為佳克在遼闊的天地裡和夥伴們入神的玩了一會之後進行整修的活動場地。這個遼闊的天地，除學校之外，還包含他參加的「狼子隊」。一個聰明和溫和的孩子，他能充足運用學校為培育兒童期的智力和個性供應的所有機會，這一個時候有它自己的需求和自己的價值，

它們差別於嬰兒期和青年期的需求和價值，儘管它是從嬰兒期發揚而來，並且朝著青年期進展。依據這樣的思維，我們了解，學校的目標「應當關於發揚兒童的基礎技能，導致他對文明生活的根本樂趣，只有這些技能和樂趣為兒童得心應手；鼓舞他逐漸獲取對他的技能、衝動和情感的限制和有紀律的治理，這是品德訓練和治理訓練的實質；協助他發覺並跟隨義務的觀點；而且啟發他的思維和憐惜，讓他計劃在之後的年代裡能理解和跟隨生活和行動中的最優越的典範」。

我們務必認同，若是學校能為佳克做這些事宜，他將獲得極大好處。

日內瓦皮亞傑（Jean Piaget，西元 1896 ～ 1980 年）教授在一體系著名的探究中，意圖用妥當計畫和小心嚴謹的問題指出佳克和他的同伴在這個期間所持的看法 —— 只要這些看法不是他們的長輩向他們供應的。他的探究結局差不多是一種讓人驚奇的發覺。由於它們表示，在文雅和科學世界的當中，兒童的心緒還保留著古老民族的心境所特有的明顯特點。兒童很慢才發覺思維與東西之間的差別，這種差別到後期變得那般龐大和顯著。他以為一個人是用頭、嘴和耳朵來思考的。他把東西的本性和它們的稱呼混雜起來，因此（比如）他以為他知曉太陽的因而稱作「太陽」，由於他知曉太陽是亮的 —— 由於他看到太陽。他和原始人一樣堅信夢中所

看見的現象是切實的。他對無生物的立場也是和野蠻人一樣的，人類學家們把這種立場稱作「泛靈論」。他有一種不老練的思維，以為世界上的萬事萬物都如桌子和窗戶同樣是人工製作的。同時，他和野蠻人相同，還保存著許多他的古老的「自愛」心緒，堅信自己和其他的世界作為一個密切的統一體，而且堅信世界上的每一東西和另外的每一東西作為一個密切的統一體。這種信念是魔術的基本，而大多數幼小的兒童好像全是魔術家。

　　首先難以了解這些幻想怎麼能和兒童所展現的學識、實質的現實主義和純粹的科學求知欲相共存。對這個疑問題目的答覆是，沒有一個人的心緒是一個簡單的構造，卻是像一座傳統建築，同時保存著年代和形式很不相似的很多部分。換句話說，心緒狀況有著很多不同的水準，同時又很輕易從一個水準過渡到另一個水準。因而，一個正大光明的生意人，在他把一個吉祥物放在他的轎車上，或是（在橫跨大西洋的一間茶室裡）十分嚴穆的聆聽茶店老闆招聘的一個專門茶杯辨別者的預知時，他就從當代的水準降到野蠻人的水準了。相悖的，一個野蠻人也許一心一意堅信他的巫醫的能力，卻又能處置一個發生毛病的汽車引擎。整體來說，佳克的心緒將飛速的向現代水準進展，由於他不論在家庭和學校都沉醉在現代文明的古板裡。非洲土人的教學，一定是發展

很慢的，由於常常壓著他的那個古板，它自身是古老的，有利於他看法中的古老的要素。

　　兒童早年和佳克目前已經到達的時期之間的最大差別，以佛洛伊德學派所用的名詞，能夠這麼說，前者是受「歡樂和苦楚原則」安排的，而後者確實受「實際原則」安排的。我們曾經在遊戲中留意到這種差別，看見嬰兒的行動最初如此在立即滿足他的欲求的遐想世界中成長，僅僅到後來才受到實際環境的訓練。不過，若是認為歡樂苦楚原則與實際原則包括迥乎不同類別的衝動，就是一種過錯。從歡樂苦楚原則到實際原則的過渡，關於理智要素逐漸滲透比較莽撞的性能衝動，與麥克杜格爾的通常法則符合。同時，佛洛伊德所講的這兩個原則中間的矛盾也是一件確切和主要的事宜。一個 12 歲的男孩首要是一個實際主義者，他已經學會依據自己的處境（尤其是他的社會處境）的前提，讓自己順應它。不過他還便於有差池，這時當作他正常舉動的基本的情懷失去了它們的關聯性，且他的激動像在嬰兒期那般獲取滿足的便捷。因此，最卓越的男孩或女孩，也會忽然發脾氣、自利乃至發生其餘的調皮行為。

　　不過，這個通常差別和另外一個獨特差別有關係，這便是成為社會行為重要起源的合群性能或融洽性的明瞭的展現。像一切性能一樣，融洽性也從簡易的、無集體的衝動的

階級，進展到高度明智化的行為階級。一個十歲的男孩是一個隨群的動物，且還不是一個社會化的動物，他依然把世界當作他的牡蠣，不過需要別人協助把它剖析。因此，這就好似是一群獵狗，他不是領導就是侍從。直到他發揚過程中最終的一個巨浪 —— 青年期把他抨擊到社會舉動的較高階級之前，他是很難達到這個階級的。

　　性能的成長很清晰的表達了麥克杜格爾的普遍道理。把性能當作對社會舉動的一種天生的趨向且對「社會」一詞含有表揚的含義，這是不對的。性能最先是一些沒有品德色彩的衝動，這些衝動只是促進兒童在和別人的樂觀連結中去生活。這些連結的過程不抉擇於性能本有的本質，而抉擇於它後期的歷史。因此，有些性能強的人，在他們孤單的時候覺得苦惱，由於那時沒有一個人和他爭辯！不過，很顯然，若是兒童要在和別人常常來往中生活，他就務必和他們公正相處，他務必接納他們的習慣。因此，兒童最先加在家庭生活的簡易品德上的是他所隸屬團體的準則，即「狼子隊」的準則。對大多兒童來說，這種準則在全部兒童期對兒童一直擁有最有力的作用。不過，跟著青年期的到來，對團體的生活形式和規範的這種關鍵的是無批評的接納，深入為擁有真實品德或宗教本質的顯然的「社會意志」。年輕人經常熱忱的懷抱著為社會效勞和為別人試試的理想，他也許有籌畫的竭

力去增長社會的報酬，或是提升社會的品德水準。若是他的社會證實和他新找尋的理想沒有希圖調和，他也許乃至被逼拒絕接納對他的請求，而且把他的忠實轉變給某些活著的或去世的少量英才。

　　因此，隨群性能所創設和維持的社會生活，是培育所有人的品德學校。通常的說，在那裡所學習的行為準則，是有助於協同生活的安定和美滿的那些準則。不過，由於各個社會是在大不相同的前提下發揚起來的，又各有其大不相同的歷史，因此它們的品德典範之間曾經有過並且目前還有極大的區別。乃至在一個社會團體的範疇之內，生活上的差別也許那樣傑出和久遠，乃至形成大不相同的善惡觀念。依據美國社會學家韋伯倫（Thorstein Veblen，西元 1857 ～ 1929 年）的見解，當代西方民族的社會構成，仍用變動了的方式，維持著它們文化發揚的野蠻時刻所形成的品德上區分兩種準則的景象。沒開化的男子為自己保留與政府、爭鬥、狩獵、宗教儀式和體育活動等相關的一切本能，而把全部卑微、機械的本能予以婦女。跟著奴隸制的形成，這種本能上的區別，不再單單是性別的差別，而在近代社會中維持下來作為有閒的、不事生產的階級和用雙手勞動的「下等階層」之間的區別。韋伯倫而且進一步闡明，古老社會中本能的區別怎麼形成了兩種不同的品德價值準則，這兩種準則一部分是互相填

充的，不過一部分卻是銳利對立的。

在一個預想到不事生產的階層實質上消逝的時代，對於品德準則跟著社會構成而不同，也許還有更切實的證實。納粹德國的險惡的品德所供應的證實，讓人驚異，不會被忽略，也十分清楚，不會被誤會。納粹德國的險惡品德的哀傷性的道理是不能忽視的，不過，它只是把我們社會以較為安定的色彩展現得夠情緒的實質，用使人耀眼的色彩多加展現罷了。陳舊的和寶貴的準則依然在我們公務職員中，在各類文、武職業，乃至其他場合堅固的保持著。不過在廣泛的社會範圍，工業團體和交通運送上的革命，乃至無線電話等創造浸透到到處的作用，已經在人民生存和思維的形式中帶來了變更，這些變更不只是表象的，而將要等於部分的改革他們的品德觀念。

一個教師若是他以為學生的品德應當是他關切的重要對象，他也許覺得這些實質使人誘惑。他意識到，在人們的舉動中展現出來的品德準則，是他們在裡面生存和活動的詳盡社會紀律的一種功效。不過，他也一定看見這一紀律在歷史過程中已經起了極大變動，並且實質上今天現在飛速的變換。那麼品德準則又有什麼聖潔不可侵害呢？它是否高出在方式上依靠時間和場所的狀況的有用的習性慣例呢？若是這樣，那麼以為它好像已經擁有成效是否真摯呢？回覆一定是

這樣，不論在品德行為的範圍，或是在學識和藝術的範圍，人類的行動有時不是進步而是退步，並且常常誤入歧途。不過，在全部這三個範圍內，人類活動的最理智的引導，已經把它指引到這樣占上風的和安定的位置，乃至它們一旦占據，就永久不會被長久捨棄。因此，義務將永久是義務——當它和某種偏私的衝動產生衝突時，它就是「上帝意識的嚴苛的女兒」，當它被感覺是當然的踐行一種當然的職責時，它就變成一個和藹的、儘管是嚴穆的導師和夥伴。愛鄰如愛己，會長久是最高的社會號令，而「心如堅石和藐視神的準則和誡律」，會長久是社會和個人需要防止的極大危害。這些全是高見和智力的結果，它們的恆久效勞和最高價值是不可置疑的。在不同的狀況下，它們也許在不同方面證實它們的價值。

我們一旦接納了這個論斷，就能夠留意下述準則的許多教育上的引申，這個準則表示：實質展現在人們行動中、與他們所認可的準則有差異（常常是一個痛苦的差異）的品德準則是他們在裡面生活和行為的整體社會紀律的一個性能。這個準則不但說明了保存著曾經稱作「小學生的德行」的不能使人滿足的狀況，而且也說明除非學校團體的方式本身已經變更，沒有一種品德教育可以加以變化。若是說，「小學生的德行」差不多已經消逝，這是由於方式已經改變了，並且

第七章　自我的生長

學校目前已經極少用常常引起學生地下抵抗的獨裁的、有時又是殘暴的權勢進行管轄了。

　　學校的社會生活能夠從上面來加以謀劃，以便培育獨特類別的公民，這個道理創立在同一準則上。在較為古老的英國公學裡，培育「統治階層」，或是在「提升」學校裡鍛鍊社會偏向面向合作而不面向競賽的公民，同樣表明了這個準則。相悖的，這個準則也說明，除非品德教育用男女兒童的崇敬的社會閱歷為根基，而且援助他們解決他們閱歷所指出的舉動上的問題，這種品德教育是極少有用的。因此，它又鞏固了這樣一個準則，即學校應當讓它的學生有機會在優越傳統的引導下自在的舉行自我教學。最終，它還提示教師，他所遵守和宣傳的品德傳統幾乎必定回應著某種社會閱歷和歷史。因此，它向他宣戰，要他明確它的起源，而且堅信它並不象徵某一階層，或乃至某一民族的狹窄的看法，而是象徵某些全人類的對象。

　　我們以前說過，在青年期到來時，社會性能開始它較為周密的工作。青年期是一個擁有深遠的和長久的樂趣的題目，舊的心理研究和小說家的文化都充足的「記載」了這個題目，不過瓊斯（Jones）在一篇傑出的論文裡闡明心理學對它指出了有價值的新觀點。他的首要論斷是，從大致 12 歲起到成年期停止，我們的情感進展的歷史，在首要特點上十分明

晰的和之前從初生到 12 歲的發揚相並行。就像在前一時期有一次從嬰兒期向兒童期的過渡，在後一時期有一次從「狂奔突進」的青年期到相應平和的成年期的過渡。因此，儘管青年期與嬰兒期有極大的外表上的差別，它們當中還是十分相似的。兒童在 5 歲之前所碰到和解決的難題，在 12 ～ 18 歲以前又在更高的平面上呈現。比如，有自我抑制的問題，這個問題概述了青年們的很多職責和挫折。在這時反覆展現了嬰兒抑制身體性能的職責，這絕不是一種假想，身體性能的抑制是獲取任何剛正的人類社會的成員資歷的主要前提。也有從自尊的監管中擺脫出來，轉而獲取對自己同胞利他樂趣的自在的問題，乃至從自我核心的假想擺脫來，轉而接納現實世界的難題。還有心理剖析家以為是根本的抑制和淨化熱情衝動的難題。嬰兒遇到熱情衝動，青年也遇到熱情衝動，不過青年所遇到的熱情衝動在方式上是較為繁雜和更加進展了。他最終長大成人所擁有的本性特點，在極大水準上依靠於他有意識的或是選擇無意識的抑制來處置這些熱情衝動時的慶幸或啟發。

佳克的本事和明智的樂趣，讓他沒有什麼挫折從小學升到省裡的文法中學。我們能夠聯想，他目前到達了這個極大的轉換期 —— 身體和智力的新生期。在以前一、兩年內，徵兆性的象徵已經呈現了：身長的急速增長，兒童期滾圓的特

第七章　自我的生長

點消失了，在學校樂隊中產生過首要影響的高音也衰弱了。同時，也已經看見，他的學習熱忱下降了，他丟棄了舊的喜好，他變得有些喜怒哀樂和堅強頑梗，一句話，他好像已經失去了方向。不過，儘管他在 16 歲時不再是同一個佳克，他現在飛速長成一個新的佳克。他對自己的外表呈現出尤其關心，很考究領帶，恨別人造謠他的舉動，明顯用一種新的束手無策的形式認知到異性的存在。對於工作，他及時用優秀成績，考過了大學入學測試，當前大力研究科學和數學，而且清晰的認知到他正在確立自己專門的根基。確實，起碼若是他對學校在體育活動方面的聲響不同樣熱忱，看待級長的職位不一樣嚴謹，他或許淪落作為一個「死用功」的角色。他的本質，不像以前那樣容易靠近，不過，那些有勢力去窺察一下的人，會在那裡發覺極大的變換。佳克無意發覺了兩種無盡 —— 自然的無盡和他自己靈魂的無盡。他以前重複無常的看待外部世界的稚嫩的遐想，被探究世界的更深入的意旨的假想所代替。他目前正熱衷於瀏覽濟慈（Keats）和達爾文（Darwin）的大作，而且有一種含糊的和他們成為整體的感想。他喜好和他的密切朋友討論他們，關於他的另一發覺，他卻維持著沉默。不過，我們堅信他嚴穆看待宗教上的按手禮，而且猜疑在他臥室裡藏著一本托馬斯肯皮斯（Thomas à Kempis）的文章。

這些實質清晰的證實，新的情感目前佳克的本性中展現出來，同時有些較為早的情感正在變更它們的對象，而且變得大大的擴展和深化。這些新的情感，相信會展現從他幼年的情感所帶來的很多屬性，不過壓制與昇華在這個轉換時期，一向是實行著的，並且許多舊的資料，已經選擇了新的方式，足夠給佳克的本性一個新的轉換。

　　在擴展的情感構造中，我們務必尤其留意麥克杜格爾所說的「自愛情感」。在早年，我們的情感幾乎如動物的情感那樣「客觀」。一個饞嘴的小男孩渴望獲得最大一份巧克力糖，和一隻貪吃的狗渴望獲得最大一份肉骨頭一樣純真；一個穿著美麗的新連衣裙的小女孩，放縱她的樂觀自感，和一隻孔雀展示牠的尾巴那樣純真。儘管在成人生活中，這類客觀性仍是可以有的，一個人經常會集合留意於他行動的目前對象而遺忘了其他所有。不過人和其他動物不一樣，很早就著手先是了解，而後觀賞他自己是生活戲劇中的一個藝人。嬰兒因為肉體的歡樂和苦楚，發覺他自己的身體和所有其他事物之中的差別，從這個時期起，「自我意識」或許就形成了。不久，自我意識從這個中心擴大到他的衣裳和玩具、他的家室和朋友，之後又擴大到他的房屋、他的汽車、他建立的事業等。由於他和這些東西的關聯不但形成了直接對它們的情感，並且形成了一種與他的情感和行為的自我不能分割的連

第七章　自我的生長

結著的，對這些東西的後起的「自愛」情感。反正，這些東西說來好似形成他用以有意識的面對世界的本錢，而這個本錢，跟著它的興盛或減弱，形成快樂或憂慮、渴望或恐慌的東西，乃至其他或許成為情感的各種有團體的情感的東西。同時，經過和別人的關聯，他學會集合留意自己作為一個當事人，而且留意自己的行為的本質。經過家長和教師的讚賞和責怪、獎賞和責罰，經過同學的坦誠的成見和嚴穆的、實事求是的批判，經過成人生活中較為壓制、不過更加恐懼的「大眾議論」的能力，他用一個當事人的位置，懷抱著很多情感和心願，作為自愛情感的最強有力的一面。

　　一個健全的青年，常常便是這樣的獲取對於自我的一個相配統一的觀點。作為一個「夢想的對象」，他關於他目前的實質狀況，看出了一些，關於他或許和應當變成一個什麼模樣，影響了一些。這個夢想的對象，或許只是在「完備方式」的嚴苛範疇內的自我觀點，或是受教育、調查和閱讀所鼓動，向著創設性的成果和崇敬的目的展開去的自我觀點。當這個自我觀點產生時，他的對象即自愛情感，在他生活的所有事宜中，尤其是它的危害中，發揮著占上風的並且最寬泛的限制的影響。

　　能夠看出，自愛情感的影響，在於限制產生自我的根基的「客觀的」情感。假設有一個愛錢的人，有機會經過安詳

牢靠不過不正當的伎倆賺一大筆錢。他所形成的像狗那般的老實習性，或許讓他維持正直，不過，若是這個習性還不夠堅固，在他的自愛情感中或許還有足夠意識屬於收穫情感的一種後援力量。這個人從收穫情感的直接對象，轉換他的明智的視野，而看見自己是這件汙濁事情的當事人。他的自我思考帶有他過去因為淪落而收到的羞辱和怨恨，也預計到羞辱和怨恨的來臨。我們能夠假設從自愛情感呈現現出來的剎時間的厭惡心理，消除了讓自己作為這個行動的實行者的思維。

這個日常的事例足夠說明，自愛情感怎麼變成「良知」和從良知形成的品德意識的媒介物，也足夠顯示社會性能對良知的形成所引起的首要影響。不過這種情感還擁有另一個十分重要的限制影響。若是像詹姆斯（James）所說：「我目前孤注一擲要當個心理學家，假若別人比我清楚更多的心理學，我就覺得羞辱；不過，關於希臘文一竅不通，我卻漫不經心。」這是由於我的自愛情感已經堅固的依賴在「我當作心理學家」這個「夢想的對象」上。反正，情感好似陀螺儀的輪子，讓我的自我展現保證在它的首要的展現方向。

不過，我們務必嚴謹，不要把這個影響想得過度簡易。我們已經知曉，自我的根基是一個很繁雜的對象，它向著很多方向進展，有些方向最終會證實是相互矛盾的。一個既有

第七章　自我的生長

天生又有好運的人，能夠靠近希臘的夢想，創立起一個自我，把愛身體、愛家室和朋友、愛財產、愛智力和精神都交融成一個一致的、十分平均的團體。不過，儘管是一個「本性頑強」的人，通常在很多可能性裡面，也不得不做出重大的損失，而一個本性懦弱的人，則搖晃動盪，絕對不能產生平穩的自我。一個中等的人，折中協調，他試圖維持幾個多多少少不相似的自我，它們當中通常必定會產生詹姆斯所說的某種矛盾和抵抗。因此，40歲的佳克，他將不但是一個有工作心的電機工程師。我們能夠想像，他會同時是一個親近家庭的人，親近贊成他妻子的社會志向，親近讓他的子女獲取前程。他又是一個被尊重的教會委員，和牧師互動極好，而且關照他在某些主要的觀點和傑出的工作方面的名譽。或許還是擅長打高爾夫球的人。謹慎減少他的缺點。若是他的機體可以擔負這些差別的自我，不產生偶然的分神和爭執，他會是格外好運的。

因此，儘管是平常的人，自愛情感並不全部能限制原始情感的進展和團體。我們能夠說，在某種進程上，自愛情感常常會自我分化。病態的人，一部分情感也許完全失去限制，自愛情感完全分化，這時，有機體藏著多少自我，就成為一個顯然的實質。這些便是「多重人格」的事例，其中探究得最細膩的，要推著名的「波尚小姐」（Miss Beauchamp）

的案例。波尚是一個大學生，她的機體因為受到某種品德的恐懼的結局，形成了一個很強的二重人格，自稱「莎莉」(Sally)，擁有一個調皮孩子的活潑和率性的人格，它經常代替莊嚴的波尚小組去限制她的感受器官和行為的能力，而且用要她對羞辱名譽的輕薄行為負擔，來威脅這個委屈的年輕女子。

我們不渴望在佳克的生命中會形成這樣的災禍，他的單純屬於虛假的閱歷是用作心理學的議論的，不過這些災禍的存留和它們的本質有力的證實了我們企望表達的把自我當作一個逐漸進展的團體的觀念。

第八章　智力的發展

第八章　智力的發展

　　要明確兒童心理生活最早發展的時期，或是描繪這種心理生活的狀況，那簡直是一件不可能的事。兒童剛出生，這個世界在於他來說，就像詹姆斯所說，必定是「一團龐大、絢麗、喧囂、籠統的對象」。不過，一個健全的嬰兒，儘管他留意到這個實質，好像也不會理睬它的。他的欲望和身體需求，乃至他的初展現的性能，選擇他在哪幾點上去對待這個「籠統的對象」，並開啟長期的清算工作，且他的漸漸確定和一概起來的反射，就能夠比成他所用的用具。兒童出生後度過了最先幾天，讓我們假設他已經可以「留意」，而這個被求知欲所勾起的留意，假設他看著一支明亮的銀匙，我們都知曉什麼事件將會產生，他的凝視、伸手、握、拿等反射將會如何的展開活動，直到經歷幾次「實驗和過失」之後，他把銀匙送到他的嘴裡。讀者不能看不到，我們在上一章所說到的剖析和歸納的本領，在這件事起初就產生了影響。這是由於，第一，這個嬰兒在銀匙不怎樣招引人的領域環境裡被它的明亮吸引了；其次，我們能夠看見，單就他把它看作一個在他身外的目標，多多少少有個特殊的樣式和位置，就預示著一件非常大的集體工作。不過，讓我們再看事件如何發展。

　　第二天，他又看見了銀匙。他用明顯的歡樂看著它，再一次把它送到嘴裡，因為昨天奮力的勝利，他的行動嫻熟多

了。他的舉動讓人深信不疑，他對銀匙的了解「態度」已和最先各不相同。不過在哪些方面差異呢？我們所可以斷定的是，當嬰兒目前凝視銀匙時，由於有了昨天的閱歷，銀匙的外觀變得「繁雜」了，或是帶有昨天閱歷的色彩了，因此，儘管是同一個銀匙，但已不完全相似了。所看見的形式和明亮，握住金屬時的冰涼的感觸，張開手，握住而且拿來，這些舉動的成果所帶來的成功，最終還有把一個涼而硬的東西塞進牙齦時所感覺的愉悅，全部這所有，經過嬰兒的剖析和歸納本領，都區分開來，同時又團結起來，作為一個擁有獨特的和相同的方式的相同的閱歷。同時，在再一次看見銀匙時，看的舉動是經過痕跡複合的行動產生的，便在這個痕跡複合裡，記載著閱歷的方式。依照普遍秩序，這個情緒的行動，有許多可能有絕大部分保存在顯然的意識水準之下，不過，它對水準之上的部分，不會不形成必定的作用。因此，嬰兒自第二次看見銀匙時所感覺的「了解之感」，或許因為這樣的實質，就由於他之前已經成功的對待過這個東西，他感覺籌備再一次反映。換句話說，這種了解之感，或許包括：(1) 含糊的感覺反覆之前的舉動的趨向。(2) 反覆感覺陪同著這些舉動的勝利的自我展現心理。(3) 在某種水準上還原了當銀匙送到他嘴裡時所經歷到的興奮。這些要素和銀匙的外在交融在一起，而且給了它新的特點。以心理學的常用語來

表達，它們給予它自己的道理。

　　不久之後，嬰兒的母親自豪的展現嬰兒對廚房餐桌上的一個大木匙展現出身後的趣味，好像用他自己的行動證實他把新的東西和了解的銀匙相提並論。這件事展現著剖析歸納本領的最高度的利用。原因是它呈現著：(1) 銀匙在差異的位子所展現的多種形式，已經在「匙痕跡複合」裡記載下來，當一個差別的隸屬集體。(2) 木匙的各類差別的形式，也可以喚起這個集體的行動，儘管在這兩個東西之間，並沒有其他類似之處。(3) 這麼所喚起的行動，帶有整體「匙痕跡複合」的充足的行動，以獲取某種程度的認知。「某種」這一個限定是主要的，由於嬰兒對木匙的認知態度，不能準確預想到。它或許相對於這麼幾種思維：「我之前曾經見過相似這樣的物品」，或是「我堅信這是一個湯匙，儘管我不了解為什麼」，或是「這必定是湯匙，由於儘管它和銀匙有差別，但有同樣的形式」。

　　綜上所述，我們能夠用一句話來歸納，就是兒童能在湯匙的其他特點原由形式來，儘管在某一特別狀況，他並不需要感到他已經這樣做。這裡所說的對於抽象在知覺和認知對象時所起的影響，在莫爾 (T. V. Moore) 的某些有興趣的實踐中有所顯示。莫爾把一排排千奇百怪的現象，每隔極短時間，輪換的給受試者看。全部形象都大不相似，一個不同是

有一個現象，以差別的地位展現在每一排。要受試者提出在什麼時期他能清晰的認知同一現象展現了一次之上，之後說出他在實踐時的心理狀況。實踐的結果闡明，共同現象的知覺，經歷若干時期，最初是只是意識到，有某種現象反覆呈現；之後是多多少少模糊的體會它的形式，比如是圓的或是尖的；另外是獲取對於形式的正確觀點，不過關於它的地方，還有猜疑或過錯；最終是獲取對於形式和位子的真切知識。

莫爾的論斷是，在視覺方面，感官上面的資料是按「心理的範圍」構造的，這些範圍，有些或許十分普遍和含糊，有些較為獨特和準確。我們能夠稱它們為「觀念」（concept），或是依據史都特（H. Sturt）的主張，稱作「模型」（pattern）或「圖式」（schema）。不過，不論我們給它們什麼稱呼，絕不能把它們看成被動的對象，務必把它們看成樂觀的對象，它們指揮和治理著認知，就像抉擇趨向指導和管制著行為。確實，很顯然，不可能有一種抉擇趨向，它自身不包括它所激發的行為的模型或格式。同時，我們將會看見，像抉擇趨向一樣，一個格式，首要是在無意識中行動的一種情緒的行動。

我們頭腦中充斥著的主動觀念或模型，多數是從經歷中經過抽象影響而得來的，不過，有一些務必看成天生的。比如，全部人類都有一種趨向，把他們的知覺經歷，組成在空

第八章　智力的發展

間和時期移動著而且互相影響著的各類「事物」的外部世界。
這裡的範圍擁有最寬泛的普遍性。另一方面，動物的性能，
偶爾還有人的性能，或許包括比較瑣碎一些的格式，比如，
鳥依照祖先的模型搭窩。在這兩個限制之內，種族觀念的數
目和本質，就不輕易斷定。榮格（Jung）提出，原始人類的
傳奇，如出一轍，十分離奇，而且覺得這種相同性展現著迫
使直觀和理解成為獨特屬於人類方式的那些「原型」（arche-
types）或種族範圍。他的看點，或許過於特別，不過很清
晰，我們調查和範圍世界的本領，有依賴從中看見「模型」
的本領。同樣也很清晰，在這些模型中，有一些必定屬於榮
格所講的典型，儘管在經歷的進程中，它們的數目大大的增
添。因此，一個醫師可以診斷一個新的病例，一個工程師可
以了解一部新的機器怎麼操縱，一個警察可以解決一場麻煩
的車輛糾結，由於他們的經歷向他們供應了範圍、觀念或格
式，讓他們能因此「掌握」他們面前的狀況。確實，這種本
領，常常以一個專家自己所不能合適的講出來的辦法產生影
響。由於它是首要是意識水準之下的情緒的行動。

　　在我們探究知覺時，關於視覺的實質，給予較多的篇
章，這是當然的事宜。不過，我們上面所說的話，在各類感
覺的所有範圍都能夠應用。比如，很顯然，了解一個曲調，
便是理解音符所表述的音樂模型和格式，當我們從最初幾個

樂句就可以認知這個曲調，或是在不同的鍵上彈奏時能認知它，我們之所以可以這樣，是由於這個模型在本來的痕跡複合中，已經變成一個隸屬的集體。同樣，從轆轆的車聲，知曉是電車；從書的「感觸」，知曉它是書；聞到橘子的清香，知曉是橘子。我們直接感觸到的這些感覺，是經過從之前的經歷所得出的觀念或格式的影響而體會的。在轆轆的車聲中，料到是一輛啟動的電車；在聞到的香味中，料到一個橘子的滋味和形狀。就像在一本書中理解文字的含義一樣。這樣，儘管我們每一個人被禁錮在他自己感觸的圈子裡，不過我們還是一個協同世界的自由人；儘管有些人因為目盲或是耳聾，失去了一部分世界，再有很少人，像海倫凱勒（Helen Keller）那般的盲、聾、啞的人，就只有經過一些更加樸實的感觸來認知世界。

　　知覺是最初的智力行動，它是了解其他所有智力行動的鑰匙。哲學家在他們的文章裡這麼說，在動物和人所共有的初階的心理性能與人們特有的高階的思想行動之間，隔著一條幾乎望塵莫及的鴻溝。這只是我們已經想辦法修正過的誤會的一個慣例。在心理發揚的所有時期，都要使用剖析和歸納兩種方式。一隻狗的知覺與一個聖人的思維之間的差別，並不在乎過程本質上的差別，而在乎它的範疇和繁雜性乃至它所運用的治療的差異。

第八章　智力的發展

　　讓我們觀察這種差別的首要方面。我們了解，常常的知覺，認知行動的範疇常常遠超過直接展現於感官的對象：我聽到的不只是轆轆的聲響，而是一輛電車；我見到的不只是黃色的一塊，而是一個橘子。認知行動的範疇畢竟能夠發展到那麼大，在動物方面，展現在一隻狗的舉動，在牠的主人戴好帽子，牠就清晰的知曉牠會到室外去愉悅的跑跳。一個了解機器運行的工程師，一個可以從天色和風向預判天氣變更的農民，一個可以從病人狀況中看出疾病的本質和或許的進步的醫師，他們的認知行動和狗的認知行動的差別，首要在乎他們作為認知媒介的格式的範疇更廣闊，實質更繁雜。因此，高階心理行動的一個標識，象徵歸納影響的更高度發揚。

　　高階認知行動的第二個標識，便是剖析或抽象影響的更加精緻。一隻機智的狗，能辨別牠的主人戴絲帽或戴軟帽 —— 戴軟帽的意義是要帶牠外出，戴絲帽的意義是要牠留在家裡。不過，一個兒童的抽象本領，迅速就超出狗的剖析本領的最高限制。比如，一個八歲的孩子，預交一個長六寸、寬四寸，而且區分為一寸見方的小方塊的長方形，他迅速就能經過剖析，知曉這些方塊一共四排，一排六塊，而且不用數就知曉這個長方形的面積是 24 方寸。不但這樣，他還可以做更加有道理的剖析，由於他能知曉，他在這個圖案中

所得出的本性，在每邊長度湊巧全是整數的長方形，也肯定擁有這個本性。換句話說，他可以不管差別這個長方形和其餘長方形的所有細節，而特地留意它的一種本性，這個本性只依靠於樣式，只有這樣的樣式，必定擁有這個本性。沒有需要提出。剖析本領的這種較為高度的進展，是數學與科學推斷的第一因素。比如，在力學中，我們只留意各個對象怎麼互相影響它們的行動，而不去管一切對於物體的所有東西；在光學中，我們只留意它們關於光的行動等等。

高階心理行動除了剖析和歸納本領的增加之外，還展現另外一個特點。心理學家說，動物的智商限制於知覺的水準。換句話說，牠們通常並不在乎牠們感官所實質接觸的對象或事情所沒有闡明的情形，相信也有破例。一隻狗會用感人的嗚咽聲示意牠想去溜達，或是（像作者的一隻狨犬）用更加明顯的示意，主動找到牠的項圈，擱在主人腳邊。不過，人的一個獨特標記是他們常常在意那些並不在感官面前的對象和事情，這樣的心理行動，便是我們通常看見的所謂思想。在思想的時期，智力所管理的是和它們所隸屬的知覺世界的東西擺脫了連結的格式或觀念 —— 一句話，它所管理的是觀點。

自在的思想的本領 —— 不要展現所知覺的對象和經過它的協助，就可以管理各種觀點 —— 隨著智力成熟的水準，它

第八章　智力的發展

所獲取的習性的多少，乃至它對資料了解的狀況，有極大的差別。比如，一個兒童很簡單指導他尋找計算長方形面積的普遍準則，而發覺這個準則固然就是思考。不過同樣能夠確定，否則他的觀點有關於一個區分為很多正方形的、真切的長方形的思維的維持和指導，他基本就不會發覺這個準則。他的智力能把一個獨特的形狀，不看成獨特，而看成所有長方形的標記，不過只有對這個標記進行考慮，就不能獲得對於長方形的廣泛真諦。孩子和沒有接受很好教導的人，經常依靠東西來考慮，他們把東西用作象徵性的觀念，這些觀念不依靠東西，就不能懂得。儘管接受教育的智商較高的人，當挫折的觀點用詳細的標記來表示時，也是較為輕易「了解」得多。同時，也還有智商超高的人，沒有標記就不能勞動。這表示在教學神祕的科目時要採取模型的心理學的依據。沒有見識的人，拒絕採取模型，原由是用了模型會掠奪學生使用他的思維和設想能力的興奮。不過我們知曉，相悖的，對一些人來講，模型是刺激行動的最好用具，對無數人來講，模型也常常是刺激行動的最好用具。

圖畫和圖解的使用，亦是同一類題目，儘管因為它們比模型脫離實物更遠，它們通常不是那般有效用的思考用具。一幅圖畫或是曲線、色彩或濃淡，智力並不採用這些物質東西的外表價值，而是把它們當作一種標記，運用這些標記，

獲取並掌握關於所描寫的東西的某種格式或觀點。同樣，一個小孩忙碌玩他的「麥卡諾」（Meccano），他從圖紙得知建構一架可移動的起重機的巧妙模型的格式，不過，除非他重複的參照象徵性的圖紙，否則他不能在「腦子裡」維持這樣繁雜的觀點。代數中標記的使用，準則上也是這個原由。一個代數式僅僅是一個知覺東西，它的方式標記著數字之間的某種獨特關聯。它的用途最先在於讓數學家了解這種連結的觀念，而後從這個觀念轉到跟著前一個關聯而來的另一個連結的觀念上去。

當一個人不依靠任何知覺的東西或標記來指導他的思想而進行思索時，他的觀點是絕對「自由」的。我們都可以這樣管理我們所熟知的東西和事情，回想著以前，仰望著未來，或是懶洋洋的追尋著理想。而較為有天賦的和智商較高的人，就能這樣隨著「觀點的路途」深化到長遠的深厚思考的意境。不過，儘管在這裡，思想仍需要意想的維持和指導。我們知曉，意想就是知覺對象，包含行為的心理模本。尤其是視覺意想，它是事物對象的直接寫照，在尋常人的思考和推斷中發揮著尤其主要的影響。許多對於事物的描寫，否則它們能導致視覺意想，對無數人來講，幾乎不能了解，而許多爭辯，首要是喚醒對於事物行動的多多少少明瞭的圖像的方式。

第八章　智力的發展

　　我們把最主要的思考用具，即言語，留到最後來說。言語能夠用口語或是文字的知覺方式當作觀點的前言，也能夠用視覺、聽覺或是動覺等言語意想當作觀點的前言。言語的使用最先是一種社會習性，在動物在合群性能的驅策下，團結起來實行自衛或找尋食物時，就可發覺低階方式的言語。孩子從他們最初的時期就發出聲響，這些聲響，一方面進展成為有節拍的、融洽的聲響，意味著唱歌；另一方面進展成為起碼在父母看來好像是言語的起先的對象。惋惜因為父母不可限制的喜愛和嬰兒交流，讓我們很難肯定是否嬰兒的咿呀學語，因為它是一種先天的趨向而獲取了言語的中心影響 —— 使用文字當作事物、行動和連結的稱呼 —— 還是這個十分主要的發展全部是因為教育和效仿。不過，我們有充足的憑據闡明：

　　□ 尋常兒童在很早年紀就對語言擁有難以饜足的興致。

　　□ 兒童傾聽和反覆各個字詞裡面的聲響的本領逐漸增進。

　　□ 當這個時期可以發展時，兒童不但很快學會單字和片語的準確使用，甚而學會了經過類推而了解和運用的語言方式的準確使用 —— 若是我們遺忘了兒童為了較為嚴穆的目標或是在遊戲中自己實行的持續的學習，這種本領好像就不能體會。

在最先幾個月，孩子說出的「字詞」並不是真確的稱呼，而是情感的展現或心願的表達。因此，乃至每一個忠誠的妻子，全想教她孩子的第一個語詞「爸爸」。范倫坦的一個孩子，在一歲之內，一直把「爸爸」當作他喜愛一件對象而且對它覺得興致的標記，也許便是這樣形成一個他所喜愛的父親或者母親的稱呼。在種族歷史的進程中，有很多準確的稱作言語的東西，或許便是這樣從情感的展現中進展起來的。

兒童留意而且愛好效仿顯然的聲響，比如動物的號叫聲或汽車的喇叭聲，不過他們並不積極的用它們作為發出這些聲響的對象的稱呼。綜述，擬聲語明顯是英語中很多字詞的來源（像「滴水聲」〔splash〕、「隆隆聲」〔boom〕、「杜鵑聲」〔cuckoo〕、「貓叫聲」〔mew〕，「狗叫聲」〔bark〕乃至成千個另外的字詞），不過這些很自然的稱呼，並不是兒童重新創造的，而是從成人學習。有很多聲喻詞也是如此，比如，「沼澤」（quagmire）、「戰慄」（quiver）很清晰的示意著顫動；「肢體亂擾動」（flounder）和「撲通」（flop），清晰的示意一種笨拙的舉動；gr 這兩個字母在「怨訴」（grumble）、「低吟」（groan）和「鳴不平」（grouse）等字詞中的能力（美國散文家史密斯，Pearsall Smith，西元 1865 ～？年）的探究。這些字詞的道理是和把所標記的對象包含在形成這些字詞的語言舉動中連結著的。比如，戰慄（quiver）這個字詞，有晃動的

舉動。一些學生隨著這個思路獲得這樣的道理，便是語言至少一部分是「口頭姿態」體系，在這個體系中，語言器官的舉動不是自然展現感情、心願和思想對象的較為大的面部默劇手勢和身體姿態的殘存，便是它們的代替。這個招引人的道理，若是當作語言進展的普遍陳述，有一個欠缺，便是我們大量的較為主要的字詞，並不標記這個道理。不過，好像可能有很多字詞，它們的道理，尤其是它們的能力，由於與立場和手勢有關聯而產生這些立場和手勢的語言舉動，就作為它們在歷史成長中復原過和精巧過的標記。這種關聯，或許已經絕對從意識中消逝，不過還保存儲藏著的情緒的一部分，它們的行動，讓各個字詞有它的道理。

　　儲藏以為原來有詳細含義的字詞，偏向於變得抽象，這種觀點證明了上述道理。英文「tend」這個字詞就是一個事例。這個字詞的拉丁原文 tendere，具備「伸張」的含義，並且可以看成從效仿伸張的極大的身體姿態得來，或是起碼和這種身體姿態有關聯的「口頭姿態」。用的字詞和姿態在一個情緒中團結在一起，因此，當獨自使用字詞的時期，在它背後依舊有整個情緒的行動。當有需要去了解我們用「趨向」這個字詞所表示的較為奧祕的實質時，最先的擴張這個觀念，便用來當作一種標記，經過它的協助來了解和傳播這個觀念。因而，這個字詞便展現一個新情緒的行動，不過這個

情緒還包括舊情緒當作它的主旨，而且經過「昇華作用」，從那裡獲得它的能力。這樣我們便能理解為什麼我們能了解一段話——比如這裡的一段話——的含義，而在讀這段話的時期，或許除了字詞自身的一些能夠聽得見的回想之外，引不起什麼意想。字詞喚醒了痕跡情緒的多半隸屬無意識的行動，智力原有的歸納本領快速的把它構成擁有新的方式和更寬泛的範疇的情緒。就是這個情緒——在一個人讀下去時，這個情緒不定成長——抉擇著我們對句子的「立場」，便是在這裡包括著我們對句子的含義的了解。

目前我們務必認同，運用原始的閱歷，當作了解和表示比較繁雜和奧祕的實質的本領，這種偏向，在人類的心理上幾乎是廣泛保存的。這種偏向能夠闡明神話、儀式和宗教信仰的方式，它在夢中十分活潑。綜述，這種偏向能夠說是理解許多文化進展歷史的鑰匙。比如，在物理研究的歷史上，最卓越的事，便是人們經常尋找物體的本領（「力」、「能」）、運動體的行為（「原子」、「電子」）或是水（「乙太」）這一類熟知的對象來解釋奧祕的表象。詩人的遐想，發源於不同的衝動，卻仍使用相同的辦法。在詩人看來，世界上各類普遍的景象和事宜，全是一些對象的標記，沒有他的協助，其他的人始終不會發覺它們。有人說過：「藐視遐想，便是一個有意回絕看見奇妙的盲人。遐想從我們眼睛裡掃除汙垢，喚起

我們對附近確切對象的感觸。」對一個沒有想像力的人來講，黃色的櫻草花，便是黃色的櫻草花，「再無別的含義了」。

上面的探討，在準則上已經包含了所有高階智商活動的方式。不過，最好還要探討兩種方式──創造和推斷，在這兩種方式裡面，智商活動的創設本質尤其明顯。

一個創造的行動，不是在某些主要的細節上改換一個現有的格式──一個規範的事例，便是有一個靈動的孩子，繫幾根繩索，便讓他看守的蒸汽機自動的運行起來；便是形成一個實質上全新的格式──比如當阿克萊特（Richard Arkwright，西元 1732 ～ 1792 年），或之前什麼人把紡織車變換為紡織機。不過，所創造的格式儘管是新的，確實不過是幾種熟知的格式，或是它們的構成部分的一種新的歸納罷了。把一個唧筒機械和一輛四輪貨車組合起來，你便有了一個火車頭；把煤氣引擎和車子連接起來，再用煤油蒸氣代替煤氣，你便有了汽車。譬如此類，數不勝數。一個發明家比平凡的人擁有更高度的剖析和歸納本領。發明家的思維和沿襲陳規的人的思維不同，它能快速的把對象的因素，從它們尋常的構造中剖析出來，而且富於新的構成。綜述，它擁有一種展現為分組運用天才所必備的堅毅的目標性的本領。

這種創造，在準則上與像笛福（Daniel Defoe，西元 1659 ～ 1731 年）這樣的作家的創造並無差別。笛福運用某種遐想的境

遇，把各類也許發生的巧合事件，組成似乎能夠相信的概括，寫出《魯賓遜漂流記》。僅有的差別在於小說家的格式是為了愉悅的深思，並不是為了有用。另一方面，創造和遐想有重大的差別。這是由於，遐想也和創造一樣，從實在的資料編造出它的格式，不過，它並不留意讓整體模型與實際符合。這種區別能夠用大數學家克利福德（W. K. Clifford，西元 1845 ～ 1879 年）所說的一個神仙故事來表示。在這個故事中，有一個巨人，他喜歡吃的東西是白麵包和奶油，還有淺棕色的馬！

　　推斷和創造所觸及的領域基本上一樣，由於兩者的實質都關於有意找尋新的格式，而創造的格式，務必與實際符合。那個讓機器自動運行的懶散的孩子，肯定已經看見繩子能夠「工作」。笛福知曉魯賓遜若是沒有做皮衣的用具，便不會有羊皮外衣。因此，兩個人都舉行了推斷，也便是說，兩個人都製作了格式，在這些格式裡，他們堅信沒有一個要素和從經歷得來的其他格式相互衝突。許多科學的推斷——起碼是非數學的科學——便是屬於這一類。比如，一個地質學家以下面的假定來解釋化石：動物死後極快便被海沙和河泥所埋沒，化石是純種的動物的石化了的骨頭，由於這是和實際一致、和實際符合的唯一格式。物理研究的推斷和這種推斷有兩點差別。第一，物理研究的推斷首要是剖析本性的。也就是說，它並不把對象看成詳細的整體，而是探索

「定律」。比如牛頓（Sir Isaac Newton，西元 1642 ～ 1727 年）的運動定理，或是磁力定理，它們舉動的某些抽象特點能夠總結在這些定理裡。第二，上面講過，物理研究的推斷，追求用「力」、「原子」、「乙太波」等標記的觀念來解釋範疇廣泛的自然景象，讓它們作為一個統一體。不過，探究科學的學者將會看見，這些較為精細的進展，並不會超過我們對較為初級的推斷方式的陳述。數學推斷的抽象影響，要比物理研究更進一步：有時它和真切世界好似沒有關聯。不過，實際並非如此。所有數字，不論是分數、無理數、複數、超有限數，或是近代大科學家的特別模擬的創造，僅僅比兒童在計數時所用數字尤其精緻一些罷了。在代數、微積分和函數論等方面所用的數字，追根究柢，從計數的簡易實際得到保證。同樣，幾何學上的創造和證實，儘管當它們探究多度思維空間時，到底也是依據自然物體的各類連結。

　　自此本書初版問世（1920 年）以後，已經出版了許多對於新的「完形心理學」（Gestalt psychologie 或 "form-psychology"）的文章。這門研究的觀點，和本章所指出的道理，乃至早先英國學者們的觀點完全符合，儘管我們應當感謝年輕的德國科學家，他們給了我們許多有價值的實踐論證和例子、許多道理上的進展，乃至某些有效的教育上的使用。簡單說，我們的道理，就像我們曾經屢次陳述或表示過的，便

是一個有生命的有機體關於環境變換的反映，絕不只是物理學上的所說反作用（reaction），而是一種反應（response）或答覆。一方面，動物的感觸性並不如照相板的悲觀的感觸性，而是一種創建性或創設性的感觸性，這種感觸性，憑藉某種無論是初階的或是精緻的格式、模型或方式去認知向它指出的情形。另二方面，動物答覆的活動（若是發生活動的話），乃至當牠們的首要途徑由本能取決並由反射達成時，也不只是機械的，而是產生一種和認知外界情形時所依據的模型相同的模型。

在動物舉動的範圍裡，科勒（Wolfgang Kohler，西元1887 ～ 1967 年，格式塔學派心理學家）之對於猩猩的心理的實踐使人愉悅的證實了這些準則。科勒依據猩猩的時刻不停的求知欲和運動力，乃至牠們的貪吃香蕉，設計了幾種情形，讓猩猩唯有經過一些間接的動作，或者一些較為困難的操縱，才能獲得香蕉。動物在管理這些情形時，展現出不同水準的智慧，就像人類處在同樣情形時展現出不同水準的智慧一樣。通常的說，猩猩的勝利，限制於聰明的使用牠們面前的對象。比如，若是香蕉吊在上面，猩猩取不到，牠們會從籠子邊緣裡取一個箱子，放在香蕉下面，並且在需要時，乃至會再拿一個箱子放在第一個箱子上面。多半猩猩有充足的知識，不但用一根棒去「拿」想吃的香蕉，並且會把香蕉

第八章　智力的發展

送到籠子的對面，若是香蕉放在那裡能夠拿到的話。也就是說，牠們可以把牠們的行為創建在情形的極其複雜的格式或模型的基本之上。不過，這群猩猩中的天才塞爾坦（Saltan），牠的知識要高許多。牠在單純遊戲中，掌握了把一根細棒插在一根很粗的管子裡，很巧妙的運用這根長棒，把遠處的香蕉挪到近處。在這群猩猩中，也唯有牠的知識發育最高，牠可以在籠子外面拿一把梯子，爬上去拿吊著的香蕉。

我們曾經宣導，在知覺水準上的智商行為和唯有人類才擁有的抽象推斷之間，沒有準則性的差別，而科勒的使人嚮往的實踐，有力的鞏固了這個態度。

儘管格式塔學派所發表的文章，好像不需要對我們的道理做任何修正或是做任何主要的增加，不過，自 1920 年以後，在另一方面卻有了極大發展，對教育的道理和實驗將產生極有價值的引導意義。我說的是一篇文章，這個文章裡闡明，所有認知活動，都能夠歸納為幾個簡易的準則的影響。第一個準則是：一個人「經歷過」的閱歷（像德國人所說）偏向於「立即引起對它的本質的認知」。比如，它能夠有一種色彩的本質，像綠色，或是某一獨特聲音或是氣味的本質。或是一種意識行動的本質。和認知經歷本性的同時，還有一種偏向，即「對經歷者的認知」。比如，我不但知曉綠的顏色，通常的我同時還留意到是我自己看見綠的顏色。

第二個準則創建在任何一種東西之間的差別和各個東西的互相關聯上面。比如，也許有兩塊綠色甲和乙，實際上，甲既比乙深，又比乙大。目前，我能夠（依照第一個準則）看每塊綠色實質上怎樣，且不同時去察看甲的顏色比乙深，面積比乙大。不過，第二個準則認為我將偏向於立即這樣去察看。舉一個較為繁雜的事例，一個對音樂陌生的人，首次聽到巴哈（S. Bach，西元 1685 ～ 1750 年）的賦格曲時，只是一些聲響的雜燴，什麼都沒有聽出來。他也許多少知曉一點它們的個別本性，不過不能理解整個樂曲。不過，經歷充足的重複，他通常的會了解在某一組音符當中有著互相的關聯，這些關聯讓這一組音符擁有一定的音律特點或方式。他目前聽到的是賦格曲的「主旨」，但凡了解了這個主旨，他便會認知同一方式在音域的不同音階的許多重複。換句話說，他目前了解到幾組實質上不同的音符之間所保存的方式相同的關聯。便是這樣，他會進而最終認知整個繁雜的音樂構造。

第三個準則和第二個準則相悖。一人在鋼琴上彈個音符，讓我唱出它的第八音，我立即唱出了所需要的音。也就是說，在我眼前有某一獨特本質的音符，乃至這一音符和另一不存在的音符之中的關聯，我便立即想起擁有相關本質的這個音符。或是舉一個較為繁雜的事例，戲院裡的管弦樂隊起立，奏出某一獨特的和音，聽眾立即用關聯的調子唱著

「上帝救君王」的英國國歌。

　　這便是三個「認知產生準則」或認知準則。這三個準則是「體會經歷」（apprehension of experience），「引出關聯」（eduction of relations）和「引出關聯物」（eduction of correlates）。

　　這裡我們不能夠講解他整本書的實質，在這本書裡，他使用上面三個準則，把從前看來僅僅是一些「官能」或機能的聚集，沒有任何構成準則的對象，歸納為一個有紀律的、恰當的體系 —— 知覺、記憶、遐想、觀念和判定。我們只有說，他的剖析是那麼簡易而使人有啟迪，讓人驚奇的是為什麼這件事件不早被發覺。他的剖析和我們所闡明的道理並不矛盾，並且高度的說明了這個道理。比如，他的剖析闡明，不論在知覺舉動和抽象推斷方面，全是同樣的準則發揮著影響，僅僅在不同的水準上，這便證實了對於在明智的知覺舉動和抽象推斷之間在謀劃上並無差別這個觀點。同時，它把我們常常依賴的格式的觀念，乃至剖析和歸納行動的觀念，都說得愈加真實，用更加清晰的方式，展現了它的構造。此外，從區別於道理的教育實驗的觀念來看，這些認知準則，也許擁有獨特的價值，由於它們關於教學秩序上的批判，供應了可靠的和明晰的基本。實質上，我們能夠說，有了這些準則，任何不是明顯從它們獲得的思維的調查和原則，全是不必須的了，這麼說一點也不算說得過度。

這個對於知覺自然的進展為「推斷」的道理，得到范倫坦的探究的有力幫助。他關於他公正的稱作思想心理學中最主要的題目，即兒童體會關聯的本領的形成，進行了精練而細膩的探究。這種本領，一部分展現在對前置詞和連接詞的使用上（像「在……內」、「屬於……的」、「與……一起」、「由於」），一部分展現在包含引出關聯的各種動詞形式上（通常是不完全的動詞形式）。范倫坦的論斷是，兒童在兩歲時，關於這項探究中的各種關聯的觀念，好像大多數已經體會了，大概在兩歲半的時期，大多數關聯觀念已經確切的用語言來表示了。

　　回顧整個探討，我們能夠說，呈現在認知活動方面的自我展現，是有一樣的直接目標──這個目標能夠稱作對世界的明智的限制，在這個世界面前，個人保持著創設的單獨性。在生命起始時，這個目標便在知覺的行為中呈現了，嬰兒看見命令的銀匙感覺愉悅，或是把它看成一個玩具或用具，他已經對它獲取了某種水準的明智的限制。不過，跟著智力的成熟，從這個無意識的直接的目標，形成三種有意識的目標，這三種目標，儘管常常展現，不過在本質上是全然不同的。這三種目標，我們可區別為實質的目標、審美的目標和道德的目標。使我們按此做扼要的陳述。

　　我們認知的許多實質的偏向是顯然的。比如，當一個遊

第八章　智力的發展

覽者問路時，他便是要到問路的位置去，在一位新司機請一位專門司機講解操縱桿的用途時，他是為了要開汽車，這全是很顯然的。科學探究經常用直接的實質限制為目標，儘管在有些狀況下，實質動機也許並不存在，或好像並不存在。一個小學生尋求對於日食月食的解釋，自然並不是渴望能讓它們為所欲為的展現，不過，他的心理立場卻是要探求限制。實質很清晰，一個人對日食和月食的了解，在他起碼能預想它們何時產生之前，這種了解還不是完備的。這句話闡明，乃至在最「無利害相關的」科學研究想法方面，實質的動機也會用奇妙的方式埋伏著。一個裝作藐視把化學使用在工業上的化學家，依舊渴望著限制物質變化的常識；一個「純道理的」地質學家，他依舊很想理解地球的構成，我們也許以為只有製作地球的造物主（demiourgos）才能理解。

杜威（John Dewey，西元 1859 ～ 1952 年）在他的吉福講座（Gifford Lectures）中歸納了 30 年的探究和爭辯，用更加激進的方式表達了這個觀點。杜威的看法是直率的、完全的「行為主義者」的觀念。對他來說，知識絕對在於人類對目前實際的操縱，操縱的目標，也便是操縱的成果，關於為了改變實際以滿足人類的某種目標。比如，電學的常識，不過便是我們發電、開動電車、傳送無線電訊號乃至從事其他這一類工作的本領。若是人們理解這個道理，他們便不會以

為知識最初是指的什麼先在的和永遠的對象，比如柏拉圖的「概念」、數學的「定論」、牛頓的運動定理、電子、乙太，或是任何其餘當作世界變遷的根本和「解釋」這種變遷的各類實體。保存著的便是能夠察覺到的變遷自身，而知識只是我們對它的實踐限制。同時，由於世界首要因為人的干擾而不停的變換著，知識自身就務必不是成長（grow）而是改動（change）。這是由於，若是知識便是形成新事物的能力，那麼嚴苛的說，便不能夠有舊事物的常識，舊事物僅僅當作新知識的開始而這個道理運用在社會或品德的範圍，就預示著並沒有什麼人們「應當」遵守的永遠的品德準則。我們目前所「應當」做的事宜，而不是我們先人所「應當」已經做的，由於我們的世界，並不是他們的世界。自工業時代，人口大量聚集，交通十分繁雜，有極大的本事能力，這個時代的品德，不能夠和陳舊的、簡易的社會的品德一樣。

這個道理對於教育原理明顯有最直接、最激進的意旨。它不是去想辦法保留從前的「文化」，而是聚集於目前，其目標在於不定的培育學校中的男女學生看待物質的、經濟的、衛生的乃至品德的問題的實踐立場──教導他們，讓他們認知到，這些問題不能分散，它們是增加人類快樂這一個大問題的幾個方面。儘管有人認為杜威關於觀點乃至觀點對人類進展所起的影響，還說得不足；同時，（引另一知名的美國

人的話）他所說的過去的死去，是「大大的名不副實」了。不過，不論什麼地點，教師們都能夠從這個道理吸收許多教訓，否定這一點，是沒有用的。要堅信這一點，我們只需要環視一下今天的歐洲和美國便可以了。

　　在我們的探討中，我們認可，乃至「單純」科學，目標也在於在道理上限制自然的進展，同時，也能夠認可，這個目標起碼經常為要求實質的限制的心願所激起。不過，要是以為像牛頓、法拉第（Michael Faraday，西元 1791 ～ 1867 年）。達爾文和愛因斯坦的探究，它們的意旨，全部在於增長對他們所指導的或是可以指導的自然的限制，好像不很妥善。他們的這些探究，由於指向是什麼的問題，其目標是科學的，儘管這樣，這些探究有一個靠近於審美的目標。同時，儘管文化也和實用相關，要是把文化完全歸納為實用，這好像是不可以的。這是由於，若是認知的目標的是實質的，一個人的剖析和歸納的本領，只用在對目前工作所必要的實踐上。一個心情焦慮的遊覽者，他所留意到的一個城市或風景的特徵，僅僅因為它們是指導他到達目的地的主要標記。一個物理學家或是化學家，他們的考察，限制於和他們目前調查的問題相關的實質。不過，審美行為的明顯標記，在於它以尋求剖析和歸納過程的完備本身為目標，而不去思考它也許服務的任何進一步的目標。這裡大致上便是義大利哲學家克羅

齊（Croce）對「什麼是藝術」這個疑問的答覆。對於「什麼是藝術」這個疑問，柏拉圖把藝術當成（而且斥責它）只是自然的效仿，從柏拉圖的時期起，這是一個讓哲學家很感繁雜的疑問。克羅齊說，藝術和美切實成功的善理，或是用我們的話來說，切實直覺的剖析和歸納過程的完備的發揚。一個藝術家，他創製一幅漂亮的肖像畫或風景畫，目標並不在於老實的摹仿實質存在的對象，供大家來欣賞。他的目標在於記載當他靜觀坐著的人或是田野風景時，從他所激起的「直覺」（intuition）或「呈現」（expression）。他乃至可以從一個「生來」醜惡的對象，創製出一幅漂亮的圖畫。也就是說，從讓一個尋常的人不想把它當作一個有特性的整體來欣賞它和感受它的對象，創製出一幅漂亮的圖畫。同時，在我們知曉藝術家的眼光已經改換了樸實和醜惡的實質時，我們也能在它們身上發覺美。也就是說，我們可以用一種勝利的展現行動來賞析它們。

因而，一個真確的藝術作品，是藝術家心理的創建的或創設的進程，而一首能夠聽到的篇章，一個能夠看見的圖畫或鐫刻，只是這個進程的一個記載，乃至這個進程能用傳遞給別人的本事。因而，當這種傳遞產生時，也就是說，在我們「雙喜」一個藝術家的著作時，我們自己盡自身的能力，反覆著他創製這個作品的創設性活動。這個推理無疑大致上

是準確的，同時，它和審美鍛鍊問題的關聯也十分主要。它預示著賞析並不是關於在一首詩、一個雕塑、一幅圖畫或一首音樂中所聯合的美的悲觀的考察，而是對形成美的心理行為的客觀的重組。比如說，這便是為什麼同一首詩或同一個曲，有時也許讓我們充斥著審美的愉快，而在另外的時期，讓我們感覺冷酷。所有都依靠於我們的心理行為，有沒有再形成原有的創設性進程，而且達到什麼水準。因此，在這個範圍內，教師的目標務必在於去發覺那些要求最能援助學生心中的改變進程，而且去運用這些要求。這件事情不是用熱烈的讚賞能夠做到的，也不是用謹小慎微的批判能夠做到的，不然教師能在他自己身上維持他自己審美經歷的生機和活氣，這個目標或許壓根就不能到達。

　　近代英國美學方面的最主要的作家、哲學家亞歷山大，認同克羅齊意味每一個藝術作品是一個用自己本身圓滿為目標的創設過程或（像我們所說）剖析歸納過程的產物，同時他接納了克羅齊對於賞析的看法。不過，他關於很多克羅齊以為僅有當作一種記載價值的資料，發覺它們十分主要。在他以為，除了極少數除外，所有藝術作品，切實藝術家心理愉快和他所管理的資料之間相互作用的成果而逐漸的創設的。比如雕塑家的泥土、畫家的顏料、在建設家的建設中成型的大堆資料、詩人寫進他「偉大的篇章」的語句，乃至交

匯成音樂家的音樂的樂音和音調連結。藝術作品便是經過這樣的相互作用依照本書中所提出的辦法呈現的。

　　一個藝術家，通常的在一個主旨中找他的啟發，這個主旨喚醒他的創作熱忱，而且短暫占有他的內心。不過，儘管一個詩人的熱忱能夠作用於一把確切的希臘水壺，一個肖像畫家能夠從一個真實的模特兒作畫，不過，藝術作品絕不僅僅是主旨的描繪或代替。亞歷山大說，一個藝術家老是在資料上增加一些自己的東西，若是沒有這點增加的東西，便不會有一件藝術的作品，或者，實質一件靈動的和招引人的手藝製品。不過，有一種藝術不受這個規矩的控制，亞歷山大宣導，音樂中的獨一題材是聲響的形態自身。這便是為什麼有很多音樂家不喜歡像《月光曲》這一類普通的稱呼，由於這些稱呼以為發覺了實際上並沒保存的外在主旨。確實，若是不知道曲名，會不會有人在艾爾加（Sir Edward Elgar，西元1857～1934年）的《安樂鄉序曲》裡發覺倫敦生活的情景，會不會在舒曼（Robert Schumann，西元1810～1856年）的知名調子中發覺展露「勞動凱旋的農民」的感情呢？固然，在許多音樂作品面前，都加上題目，並且，「在一定水準上，這些題目能夠用無損於用它們定名的作品的簡易的音樂價值的意旨來說明。換言之，它們能夠看成一種額外的展現表示，或是看成樂曲彈奏時所表達的調子。儘管這樣，音樂常

常由於受到文字的危害而枯萎，這也是無可非議的。」當題目和作品之間的關係比我們這裡所認可的愈加是一種有機的關係時，音樂中的主題（比如像在華格納〔W. R. Wagner，西元 1813～1883 年〕的《飛行的荷蘭人》〔Flying Dutchman〕這個曲裡的海上風暴這種感情或外界的場合）和詩歌或戲曲中的主題就不一樣，不過依舊被一種神祕的化學作用轉換為「豐富和神奇的對象」，展現在樂曲的單純音樂的構造中。這個觀點很清晰的適宜於歌曲的音樂配景。音樂不再反覆詩歌說過的對象，不過它和詩歌的曲調一樣。在兩者到達最高度的相同時，米爾頓（Milton）的隱喻「和永恆的詩歌成婚」充足的描述了這種審美的交融。在這個意旨上，音樂乃至能夠和哲學的感觸「成婚」，而且證實了陸宰（Rudolf Hermann Lotze，西元 1817～1881 年）的一句經常被引用的話：偉大的音樂反應著瀰散整個宇宙的行動。最終，在舞蹈和芭蕾舞中，音樂和身體行為之間的美的交融，也許達到尤其完美的境界。

　　若是以上的論斷是準確的，那麼逼迫兒童猜想在賞析課上為他們彈奏的音樂的主旨，是壞的教育法。由於這種方法，把學生的專注力，從一種審美的轉換到一個常識的問題 —— 而且嚴苛的說，這個問題是不存在的。

　　在此書中，我們以為有原由堅信美的創設（因此也便是

美的再創設）的天才，比尋常所遐想的分散得更加寬泛。有些卓越的和音樂教師乃至英語教師，他們讓他們的班級作為培育年輕的詩人和劇作家的地點，獲得明顯的成果，就證明了這個觀念。「我們有許多人沒有差別的感覺自然的美感，乃至不了解我們是無意識的藝術家」，這個狀況，更加寬泛的證明了這個觀念。由於我們所看到的美，並不保存於自然當中，它是創設性行為的成果，在這個行為中，一個考察者，為景色「增添了一些自己的東西」，無意識的在審美歡快的作用下，選擇它的各種特點，而且把它們集合起來。

因此，科學的和審美的行為，是指對外部世界的自我展現的方式 —— 這個外部世界，還能夠包含我們身心兩方面的實質，乃至我們所創設的文字和曲調這一類對象。這兩種自我展現方式的目標皆是創建性的限制，兩者當中的抉擇性差別是，科學追求實質的限制或是止於稱作「理解」的明智的限制，唯有忠誠的服從實質的確切情況，才能達到目標，且審美的限制卻是為了它本身的滿意、自由的管理實質。兩者都可以是繁雜的活動方式，由於各派藝術家都務必是一個完美的手工藝者，且各門學科，尤其是當代物理學和天文學，需要高度的創建性的乃至工程的本領。不過，然而他們的智力活動遵守我們區分開的幾種途徑之一，一個手工藝者並不可能是一個藝術家，一個工程師也便不是一個科學家。

第八章　智力的發展

　　自科學和藝術品德和道德，我們依舊在創建性的自我展現的範圍之內，不過，目前我們發覺它離開外部世界而轉入人類的行動和人的本質生活的意旨。人類行動是品德所要限制的，人的本質生活的意旨是道德學所要理解的。我們已經知曉，一個兒童的品德發展，起始於他感覺務必讓他的衝動和願望和他人的衝動和願望融合起來。因此，道德的常識起初是一種獨特的實質知識 —— 運用在限制一個人在社會連結中的自己行動的實質知識。不過，跟隨兒童品德見識的加深，他便會看見，儘管品德活動的目標總是個別的善，唯有當它與全人類的善相同時，它才能達成。因此，道德的認知是追求行為的廣泛準則，這種準則，儘管天塌下來，也是務必遵從的。

　　柏格森在他最後一本書裡區分這兩種道德上的水準，稱作「封閉」的社會的品德和「公然」的社會的品德。在低等的水準上，行為所要負擔的責任，是當作某一部落或民族的成員所本有的；在高等的水準上，責任便沒有這種控制，它被感受到擴大到全世界。柏格森堅定的宣導封閉的社會和公然的社會的品德來自兩種截然不同的泉源。「封閉」的品德，無論它是怎樣得到智慧的啟迪而且為歷史所產生，卻是本能的展現，這個本能在社會上強迫的統領著人們的生活，就像蜜蜂的本能統領著蜂巢的生活相同。「公然」的品德，沒有這

種不具品性的本質，且是因為少數偉大的品德天才家，他們遠在尋常人的水準之上，及時的招引了文雅的人群，起碼有些間隔跟在他們身後。因此，在沒有被極致的品德敗壞所侵害的社會裡，流行的品德是「公然」的品德和「封閉」的品德的一種不完全的交融。比如，一個尋常人，也許認同一種應有盡有的慈祥性的美，不過不能讓自己去愛國家的仇人。由於社會品德，就像柏格森所講，是施加於個人生活的一種聯合，因此一個人乃至不能夠為那些屈辱他的人真誠祈禱。不過，他在這方面所作的辛勞，儘管可惜沒有效率，卻已然能讓他作為一個較為友善的人。

在簡略的陳述了柏格森對於兩種品德的道理之後，我們還務必稍微提一下他對於宗教的兩個起源的道理。古代世界的宗教和現代世界大部分區域的宗教的形成，明顯是為了填充和保護封閉社會的品德。宗教上大不相似的信念 —— 對自然物的超自然力量（mana）的信念，對河流和保持生命的湧泉的準人格化的信念，對羅馬人的隱隱約約的許多神的信念，對較為活潑的希臘人所看到的有清晰輪廓的神的信念 —— 全部這些信念，柏格森說，全是當作關於個人的和智力所發覺與創設的社會生活的危害的防禦反映而形成的。高階方式的宗教，如與它平行和它所贊成的公然品德一樣，全部因為獨特有天賦的人，比如偉大的基督教神學家，他們堅

信他們已經在景象的幔幕之後，直接經歷到精神的實質，而且發覺這是無法說出的愛。他們的神祕的預知，透過他們弟子和渺遠的跟隨者的傳遞，已經深切的感染大部分人類，他們（如在上面所探討的品德的狀況一樣）猶豫的、不相同的遵從著由不同水準的兩種宗教所形成的各派宗教。

第九章　學校和個人

第九章　學校和個人

在我們探討的發展過程中，我們已逐步增加了社會因素在學校生活中的占比。也許讀者會因此產生不安的感覺，發現這種做法，我們已然脫離了在本書開頭所言的立場。因此，為了達成本書任務，我們有必要更明確的探究一下學校生活和學習和學生個體精神成長之間的關係。

一個學生，當他在一所整體堪稱優秀、具有「良好」聲譽的學校住上幾年，通常會出現這幾個現象：個性逐步削弱、熱情逐步低落、幻想逐步消失，沒有比這種情況更可悲的事情了。通常來說，這種學校可以提高資質較差的學生，同時卻也會壓低具有天才的學生，學校的很多優秀工作也因此而抵消了。造成這種結果，一方面是因為那些無法完全消除的力量。通常，孩子都是接近於野蠻人的，如果孩子的社團不加以管理，自然會衍生出原始部族的特徵，就是習俗進行著鐵的統治，古怪的個性會得到嚴厲的壓制。另一方面是因為過度運用了競賽 —— 在競賽中，學校折射出近代世界所遭受的最大的禍害之一。然後，也許有人會質疑，比它們更加深刻的，這些原因背後的原因，是關於個人和社會關係的錯誤思想的影響，本書第一章就曾指出過這種錯誤思想。有這樣一種思想，它時而作用不明顯，時而公開的主張，認為社會行為不是豐富個性，相反難免會犧牲個性；認為社會行為意味著一種自我拋棄，而並非自我滿足。

這裡的根本錯誤，是假設了「自私的」行為和「社會的」行為彼此的區別，相當於為社會本能所制約的行為與不被社會本能所制約的行為彼此的區別。在極其自私的行為中，社會因素通常具有重要作用。比如，一個騙子的所作所為，他掌握的關於人們弱點的知識，以及他利用人們這些弱點的技巧，都是因為有了強烈的合群衝動。同時，在最明顯的「社會的」行為背後，總包含著一個堅強的自我。比如，一個有涵養的傳教士，前往與文明社會隔絕的熱病流行地區，協助落後的部族，很明顯傳教士犧牲很多，但他並沒有犧牲自我。恰恰相反，他的行為，實則是一個十分強烈的個性的自我表現。

　　這些舉例表示了自私的或反社會的行為的真正性質。康德（Kant）有句話說得好，有這樣一種行為，他們為了達到自己的目的，把別人作為一種利用的工具。有的人為的是使自己發財致富，而強迫他人過著空虛的或卑賤的生活。有些母親為了自己的安逸，利用兒女的供奉。這都是一種罪惡。概括來說，都是不同形式的剝削的罪惡。還有一些人，他們不願承擔應盡的義務，對公共財富貢獻一些自己的創造，因而利用別人的天才和勞動。說到這裡，也許有人會想起那些懶散的地主或靠利息生活的人，想起那些沉迷於自己風雅愛好的文人墨客，想起有這麼一位偉大的卡文迪希（Henry Caven-

第九章　學校和個人

dish，西元 1731 ～ 1810 年），他甚至隱藏了自己驚人的科學發明，所有這些行為，全都是自私的或反社會的行為。因而反社會的行為，不僅局限在殘暴的行為，上述這些行為中的一種，同樣也是反社會的行為。

我們了解，一個發展了的行為多數會牽涉到社會，因為這個行為起源於滲透著社會因素的自我。所以，我們將社會價值或社會「功利」，當作善惡行為的標準。然而，在日常生活中，這儘管是一個不錯的標準，但它究竟是不是最後的標準，卻有待商榷。一個好的行為，並非因為它有了社會功利，而是當它表現了個人行為的一種完善程度，才帶有社會功利，這種看法的建立具有比較深刻的基礎。不要說那些「自我放縱」的惡了，那種罪惡會遭受嚴厲的指責，完全不去考慮它們可能產生的或眼前或長遠的社會後果，我們必須承認有很多重大決定的社會後果，是無法估量的。比如，誰能依據社會功利的理由來判斷這樣一個難題，即一個人到底要獻身於解釋埃斯庫羅斯（Aeschylus，西元前 525 ～ 456 年）著作的工作呢？還是獻身於實踐改進農業的工作？如果我們有了這樣的思考時，我們就會明白，或許我們不能從任何事物的表面標準來盲目判斷一個行為，要回歸到人類的生活這樣的原則上去。正如一件藝術作品，一定要依據它們的「表現性」（expressiveness）做出判斷。不管我們如何理解這句

話，或表述這個事實，我們的身體，或者應該說是我們的整個「身心」，全是聖靈所寄託的地方，儘管我們每個人能夠不受約束的擬出自己的設計，但我們一定要竭盡所能，在我們所掌握的材料和力量範圍裡，建構起漂亮的屋宇來。也許我們可以這樣說，我們的最終目的，並非是讓我們的天性無秩序的、無監護的成長，相反，我們要運用自己的創造能力，培養出我們力所能及的最像樣的個性來。我們必須要成為宇宙之神的助手，也只有這樣，我們才能實現這一目的。我們用這個標準在事前測量我們的行為，因為一種創造，在還沒有出現之前，是無法判斷的。即使這種創造已經出現，在短時間內，人們還是會無從判斷。比如，當濟慈拋棄了「橡皮膏、丸藥和軟膏盒」轉投詩歌的道路時，如今已經沒有人懷疑，他的選擇是正確的。然而，當時有些著名的評論家，卻堅持否定的。不過，雖然這個標準無法像一把尺來應用，它也許還是人類價值的最終標準。同時，我們始終相信，它絕不會和功利的標準相矛盾。

所以，我們得出結論，即使學生社會化是學校的主要職能，這一結論與把培養學生個性作為學校真正目的觀點並不矛盾。我們前面說過，培養個性並不是事後培養古怪的個性，也不是建立在所有孩子都是天才的假設上。正如卡萊爾曾睿智指出，首創性的特徵在於真誠而不在於新奇，一個被

第九章 學校和個人

普遍認為絲毫沒有首創性的人，也可以獲得這個特徵。然而，真誠卻是一種可貴的成就，只有那些可以自主按照天性而有較大行動的人；那些可以從別人身上，吸取自己需要的，而不是吸取那些強加於他們的東西的人，才有可能達到這種成就。因此，儘管學校一定要永遠在友愛親切和社會服務的傳統中塑造學生的個性，同時也一定要認知到，真正的關於社會服務方面的訓練，是對個人的發展有利的。所謂最高的社會形式，必將是如此的社會，在這樣的社會裡，人人都能自主自由的從共同的生活條件中吸取他自己所需要的東西來滿足自己，同時用他最擅長的東西去豐富這個共同的生活條件。

所以，我們又一次印證這樣的原理，就是教育的真正目的是積極的、在於鼓舞自由的活動，而非消極的、在於抑制或限制這種活動。如此，在傳統觀念裡，學校訓練中所重視的紀律的概念將怎樣理解呢？想要明確回答這個問題，我們一定率先把紀律和學校秩序區別出來，同時要看到，儘管它們彼此重疊相互滲透，不過，它們完全來自截然不同的心理根源。學校秩序旨在維持學校生活是完成學校生活這一目的所必要的條件，同時，我們說過，最有效的學校秩序建立的基礎，在於模仿和常規趨勢。另一方面，紀律與秩序不同，它不是一種形式的東西，而是一種最深刻的接觸到行為的本

源的東西。紀律指的是一個人的衝動和能力服從某種規則，這種規則，讓原本的混亂情況有了一種形式，同時將原本缺乏效率和浪費的地方，轉換成有效率和經濟的。儘管我們天性中的某些部分會抗拒這種控制，但是，整體說來，接受這種控制，一定要是發自內心的接受，一種自覺的行動，帶有渴望更高的完善或「表現性」的天賦的衝動。

因此，紀律的過程與鞏固作用兩者是相似的。實際上，它甚至能看成是高階形式的鞏固，它與低階形式的鞏固兩者之間的區別，在於紀律具有一定程度的有意識的目的。我們這樣說更為合適，一位運動員的運動是有紀律的運動，因為他透過有意識的努力讓自己的運動得到了完善的形式和效率。一言以蔽之，具有表現性。與此相同，當一個人想方設法的汲取苦難的經驗教訓，讓其衝動和能力產生了一種形式，或者可以這樣說，他是一個因環境得到鍛鍊的人。然而，儘管一個人能鍛鍊自己，正如很多處境艱難，卻經過環境鍛鍊依舊成為偉大人物的人一樣。不過，通常說來，紀律是一個較為寬廣的心智對一個較為狹隘的心智、或組織較好的心智對發展較差的心智所產生的影響。不管怎樣，在紀律的過程中，有一個清晰的心理程序。第一，一定是有一個人真心希望去做的事情，而且他一定是意識到自己沒有能力去完成，又或者意識到他人有更高的能力去做。第二，這種自

第九章　學校和個人

卑的感覺一定會喚起內心一種消極感，讓其注意力全部集中在自己所不能做或者他人比自己強的地方。第三，反覆努力再來一次，現在有了更清楚的概念的指導得到了正確程序，而且假如努力成功了，就會隨之產生一種積極感，這種積極感會潛意識將已改善的行為方式固定下來。

從第一次佳克乘坐電車以及後面的行為中，關於這種兩面過程我們已有了簡單例子。一個兒童從學校他的老師及同學處所得到的訓練，也是相同的性質。這種影響具有指導性，向兒童指出更好的方法，同時引導他主動掌握這個方法。一個好學校的優良傳統紀律，具有相同的作用。一個熱情積極的兒童，對自己朦朧的感到的一種多彩而有價值的生活方式，產生深刻印象，並會讓自己成為這種生活方式的典範而感到自豪。從數學、科學或古典文學等學校課程中所得到的訓練，與前面所講的那些訓練並沒有本質區別。因為在學校裡年輕的學生所應吸收的，還是著名科學家或作家們所達到的、對於表現或思想的卓越控制。一言以蔽之，學生是處在一個努力學習名家竅門的學徒的地位。

在學校管理中討論紀律問題，一定要涉及懲罰的地位。這裡一定要留意的重點是懲罰的目的應該是積極的，而非消極的。懲罰的目的是協助落後學生自發的去做他需要做的事，而非預防他去做不應該做的事。乃至在解決犯罪方面，

現在大家承認 —— 儘管發現的果實成熟起來，仍然慢得可悲 —— 只是壓制，並非救治的舉措，真正的補救措施，是再教育和罪犯所錯用的精力的「昇華作用」。懲罰不如用來預防像不守時、不服從等行為，這些行為顯然違反公共利益所務必維持的學校秩序。然而，懲罰並不會產生道德的效果，只有它為集體的共同意見而感到贊同才具有這種效果。破壞秩序和其他較輕的反社會行動，最好的懲罰通常只是不讓犯錯的人參加共同的作業。當他意識到其他兒童都在愉悅的做作業，而自己卻無所事事，感到煩悶，這就會激發他最濃烈的懺悔效果。然而，有的兒童，因為感到厭倦、睡眠不足、缺少新鮮空氣或受到運動的刺激而變得頑劣，假如不讓他們參與共同作業，則是一種不恰當的做法，前面所說的方法並不適用。假如不讓這種兒童參與遊戲，就相當於清除了能夠補救他的疾病的特效治療。當一個人犯有嚴重過失甚至帶有犯罪的性質時，嚴懲的阻止和報復的一面就應歸屬於補救的一面。懲罰不是只看到讓人不滿的過去，而是要看到仍抱有希望的未來。當我們讓一個人自己意識到其他人認為是他的品行不良時，他會感到恥辱，不過，只有當這個人形成更好的生活方式，才會真正實現「心的改變」。所以，智慧的老師不會只是滿足於精神疾病症狀的壓制，會用所有可能的方法，想辦法去除疾病發生的種種原因。同時，我們都知道，這些

第九章　學校和個人

原因通常就是有很多沒有秩序和不協調的衝動工作 —— 有目的的吸引和抵制，還有更多的是無目的的吸引和抵制 —— 這些衝動，假如謹慎處理，就能重新走上精神健康的道路。

對於上面一些看法，我們只需要補充一點。曾經，在教育界有過這樣一種積重難返的信念，覺得懲罰和害怕懲罰是學校管理的自然根基，慢慢的，這種信念被認為只是一種野蠻的迷信。每一個經驗豐富的老師，現在都清楚，一所時常被懲罰的烏雲所籠罩著的學校，從表面秩序來看，常常不比少用懲罰的學校強。學生違規是一定會發生的，而且必然要進行處理，然而，通常情況下，正確的方法是應該把違規看作學生適應不正常的象徵，而並非天生不道德的表現。換言之，應該將違規看成授課中、教學中或兒童在學校和家庭的物質和精神生活的前提中，具有的一些缺點的象徵。

我們從整本書的中心思想論點來看，能明白，儘管學校是一個群體，但學校一定是一個特定性的群體。它還一定是一個自然的群體，即在校園內外兩者生活條件，不應有陡然的割裂。在學校，無論是老師還是學生，作為公民的精力都不應受到抑制或窒息，要有完美的和積極的生活的餘地，那裡沒有傳統的行為準則，而只有普遍適用的規矩和理想；在學術上，學校和廣大社會的興趣沒有隔絕，至少師生們參與了校外的學術活動。另一方面，學校一定又是一個人為的群

體，即儘管學校需要真實的反映社會，但它只需要反映這個社會中最優秀的、最重要的東西。或者我們能這樣說，作為國家生活的機關，一個國家的學校的特殊職能就是鞏固國家的精神力量，保持國家的歷史傳統，保全它的以往成就，同時保衛國家的未來。一個國家，透過它的學校，能夠意識到它生活中最好的運動經常吸收它們的靈感的沒有窮盡的資源，能夠來共用它的英雄兒女的美夢，能夠不斷的進行自我批評，能夠澄清它的理想，能夠重新教導和重新引導它的種種衝動。

綜上所述以及近年來宣傳得動聽的「公民教育」，具有鮮明的關聯。上述觀點，並不支持所有將「公民教育」當作一門特殊學科的想法，反而認同公民教育應當是學校紀律和活動的自然結果，應當是真實教學各門學科的自然結果。我們先來探討第二點。許多年輕學生帶著滿腔熱忱，渴望了解這樣一些問題：比如電話、汽車引擎或者無線電收音機是如何「工作」的，一個水手是如何駕船橫渡大西洋的，一名飛行員是如何在半個大陸的空中找到航線的，一位近代化學家是如何用舊的物體經過神祕的改造，又是如何創造出新的物質等等。探討這類的問題並非是一種附加的工作，在某一階段，它們通常是表示科學和數學的真正屬性的最佳方式，又是說明這些知識在近代社會的現實生活中具有重大作用的最有利

方式。歷史和地理方面的鑽研，顯示政府如何興起，以及如何努力實現它們的目標，如何利用自然的恩賜來維持和豐富人民的生活，人民如何成功的 —— 也時常失敗的 —— 為這一共同利益而合作奮鬥。對上述問題的研究，都擁有相同的心理上的認可，同時為闡述大社會的實踐和加快社會智慧的同一目的而服務。

其次，一些隱含於學校生活制度和紀律中所的思想和價值，偏重於成為學生行為的習慣基石，對於學生們的道德觀點能產生永久的影響。因此，假如這種制度得以正確的思想指導和組織，它便轉化成一種有效的良好公民的訓練。不過學校裡的好學生，在社會中卻未必是一個好公民。從好學生到好公民的順利過渡，不僅需要理性的參加廣大社會的各種活動，還要對當事者的目的、勞動、責任及犧牲具有想像的同情。經過這些實踐，而不是靠那些關於公民義務的繁雜報告，足以將最重要的生活氣息傳遞到學生的心靈深處，進而激發他公民義務和服務的精神。

因為學校不僅是一個自由的群體，也是一個人為的群體，這就能解釋為什麼對於一些教育政策的問題，就算可能做出在一任何狀況下都是正確的回答，也是很難給出這樣的回答。比如，有很多人對寄宿學校持反對意見，因為寄宿學校使男女學生和家庭的自然生活產生隔離。不過，對這種反

對意見，我們能回答說，在一所優秀的寄宿學校裡，擁有集中的社會生活和高亢的社會氣氛，這些在紀律方面所營造的效果，相比家庭影響方面所受的損失要大很多。這種爭論幾乎不會得到一個肯定的答案。整體來說，從近代趨勢看來，似乎對日校有利，不過歷史上來看，英國寄宿學校的良好傳統，並不過時，這種優良傳統，可能會產生一種新的制度，從而極大擴大它對於國民生活產生的影響。而且，目前有一種健康的勢態，即日校會根據自身具體情況，學習寄宿學校的某些優點，而寄宿學校也打破它們寺院式的與世隔絕狀況，轉而尋求與外面世界興趣更加緊密的連結。

另一難以解決的問題，就是男女同校問題。一些教育家主張男女同校，首先的目的是想男女學生能互相了解，進而成為純潔和加強家庭生活的前提，同時透過自然條件下的時常接觸，來消除不健康的兩性的好奇心以及早熟的性興奮機會。他們也預測到男女一方的理想有利於影響另一方的性格，而且預測到他們道德傳統的某種合為一體的效果。那些反對這些思想的頑固派，認為年輕男女自然側重於各走各路，沒有障礙的發展自己的生活方式。他們覺得，這種傾向清楚顯示，兩性的特殊美德，起碼在學校生活的後期，在雙方都不分心的情形下最容易培養。然而，越來越多的人，發現在兒童期實行男女同校是一個正確的政策。那些真正的大

第九章　學校和個人

批評家幾乎都反對在青年期將學生們像僧院一樣把兩性完全隔離。綜上，我們說，男女兩性在工作和遊戲中的自主結合，究竟限制或鼓勵的尺度在哪裡，關於這個問題，假如沒有比現在更全面的論證做對比，是難以解答的。

關於「普通」教育和「職業」教育兩者價值問題的爭論，則採用另一種方法。支持職業教育的人，當他們側重青年體驗現實生活的濃厚願望時，他們立場堅定；而反對職業教育的人，當他們推翻特殊的職業訓練擁有教育價值的時候後，職業教育擁護者就處在弱勢地位。在探討這個命題時，我們一定要留意不能只憑藉是否適用於目前尚不完善的社會情況來混淆論點，更不要單純從教育的立場來探討職業訓練的意義。依據這一觀點，某種形式的職業訓練，明顯不隸屬學校範圍之內。培訓一個男孩子成為警察或售票員是無用的，培訓一個女孩子一輩子製作硬紙盒子也是不對的。然而，如果是培訓一名未來的海軍軍官、一個航海員、一位工程師、一個木匠、一個建築工人、一位農民時，問題的答案就很不同了。這些職業都或是至關重要的或是有長遠的需求。它們具有悠久的歷史和明顯的道德傳統。它們教育出優秀的人物，並讓高超的智力和卓越的實踐能力有機會充足發展。沒有科學知識或者藝術累積，這些職業是無法正常進行的。讓一個孩子在任何一個具有悠久傳統的職業中受教育，能夠保證

（假如這個職業剛好符合他的天性）他未來在工作中傾盡全力，又力求熟練，而這時候，教師通常認為只有個別學生能夠做到。這種職業訓練，還有更重要的價值。一個工作讓孩子能直接面對自己選擇的目標，一個工作它顯而易見的功用帶給孩子一種尊嚴和有力量的感覺，這樣的工作經常釋放心智的力量，但「普通」教育卻讓心智變得遲鈍和沒有活力。孩子整個理智的活力能夠增進，他的精神價值感能夠加快。概括起來，在最嚴格的意義上，「職業」訓練能成為「自由的」訓練。

　　所以，我們能夠得到與以往相似的結論。假如職業教育能夠用自由的精神來進行，那是可行的，然而，職業教育不具有普遍進行的條件。另一方面，由於職業教育主要集中注意在具有顯著社會價值的事情，又因為它側重實際的活動，因此包含著很多在每一個教育計畫中或多或少有它們重要地位的要素。

　　在為小學畢業生提供分類學校教育的地方，發生了另一個問題。同一所學校裡設置幾種課程合適呢？或者要有不同種類的中學，每座學校開設不同的課程或者幾門相關的課程呢？很多人認為，只有在多種學科或「綜合性」的學校裡，不同階級的學生才和平共處，除去能力差異和不同的心理類型外，不認同其他的區分，「普及中等教育」才能實現民主。

第九章　學校和個人

他們認為，在這樣的學校裡，還具有另一個優點，就是分科的界線一直都不是固定的，因此，兒童的特殊才能或不足，如果發現，在當時分科所造成的所有錯誤都可以及時得到更正。這樣，綜合類學校不僅對社會團結有好處，又對教育效率有利。然而，質疑的人卻覺得綜合性學校，只是在表面上提供了對於民主解決問題的方法，因為如果要真正實現民主，則要密切的滿足兒童的各種需求，沒有任何一所綜合型學校可以滿足這個要求。質疑者說，任何試圖讓綜合性學校達到這種要求的，就必然會擾亂學校的目的，壓制學校的活動，使學校變得平庸，沒有特色。他們還引用著名批評家的話，指出即使在美國的中學裡，這種制度已實施多年，並且所有條件的設置看起來都有利於這種制度，卻也無法絕對避免這種結果。因為在這種綜合性學校裡，能力好的學生自然要麼成績優異，要麼會因為他們個人的能力無法得到足夠的刺激和指導而造成損失。而後一種情況，會對個人和社會利益造成雙向損失；前一種情況，對很多學生，在將智力的成就當作大家都認可的努力目標，如果達不到這個目標就認為在失敗的環境中難以發展，這對學生們的能力尤其不公平。這些學生要有一個獨立的世界，有獨立的價值參照和不同機會。在這樣的學校裡，就算學習能力最差的學生，也可以找到適合他們能力發展又能為生活帶來熱情的不同興趣和作

業。概括起來，它或許是這樣一種學校，學校的老師對上述這些學生，能理解並同情他們，教師專門研究和留意學生們的需求。還有人認為，具有濃烈技術愛好的學生，只有在擁有技術氛圍的學校，在具有相關經驗的教師幫助下，才會得到合適的教育。

有人建議，只須開設兩類中學，就完全能替代三類中學的制度：一類中學專為擅長書本學習的學生設立，另一類則為較為側重實際的學生設立。這兩類中學，涉及範圍很廣。這個建議側重一個不容質疑的事實：那些專門為能力較差的兒童開設的學校，一定不會受歡迎，這類學校甚至根本沒有需求。總之，這個建議，並不接受前面所講的關於這類學校的觀點。

經驗也許得到證明，在偌大的國家裡，迥然不同的社會條件下，上述這些解決問題的辦法，都有它的意義。關於不同種類中學修業年限長短的相關問題，爭論不多。實際上，在英格蘭和威爾斯，《1944 年教育法》已經解決了這些問題。有歷史悠久的文法中學（包括公學），一直以來，已開設各種水準較高的課程，為學生進入大學以及其他工業或職業高等教育機關做準備。這些文法中學曾經對社會做出了難以估量的貢獻，假如任由它們衰落，或任由它們降低標準，將是一個非常可悲的事。所以，那些文法中學裡學習最好的學生，

第九章 學校和個人

一定要繼續學習這類課程，直到年滿 18 歲，即法律中所規定的教育任務結束。不過，一定要讓國家的智慧的精華部分，非常容易又充分的讓學生們得以學習，這與學生們的家庭條件、社會地位都無關。還要強調，文法中學不僅培養學生的知識淵博、提高文化修養，還應將自己的課程設置緊密圍繞近代世界的精神和需求。其他中學開設的課程，有些也是文、理科性質，但不如文法中學程度那麼高，也不如文法中學嚴格；有些中學更是非常明確的側重於技術方面；當然也會開設一些混合課程，這種課程依據「改組的」舊制高級小學中呈現的新的文化課程和實用課程來設置。這種中等學校的修業年限，到學生年滿 16 歲。在此之前，還會有一個適當的過渡期，過渡期裡學生 15 歲即到離校年齡。儘管在學生年滿 16 歲以後，全日制教育已不再具有強迫性質，他們接受教育的另一重要階段卻隨之到來。我們說過，所有中等學校的教育目的在於引導學生安全並有意義的度過青春期。這個教育目的可以這樣理解，在整個青春期，他們需要繼續得到能協助他們成為更好的成年人而組織的某一群體的教育影響。依據這個思想，相關法律規定：「任何地方教育機關，須開設和維護地方青年學院，即經教育部長審批，開設教育中心，為不在學校以及其他教育機關接受全日制教育的青年，提供繼續教育，包括身體的、實際的和職業的訓練等，拓展青年的

各種天賦和才能，幫助他們做好擔負起公民的責任的準備。」

　　現在，我們開始討論最後一個問題：課程問題。我們教什麼以及該有什麼樣的教學精神，這些都根據什麼標準來制定？

　　最顯著的標準就是有用。儘管多數人通常都樂意讓自己的孩子單純為了裝飾的目的學一些沒什麼用的東西，整體來說，我們要求學校要教給孩子們日後在生活上用得著的東西，並且關於「有用」我們有很嚴格的解釋。我們不應該小看這種觀點，因為實際上他的觀點是完全正確的。假如一個人可以把自己的看法想清楚，我們通常會發現他並非誤解文化，而是割斷文化和他在共同生活中的根源學究的敵人。他認為這種傾向──不同時期的教師易受的誘惑──造成無法估量的禍害，這一點很好。試想下，一個試圖將古文從我們學校徹底清除的人，與那些將古文作為「心理訓練」材料的人相比，更危險也更庸腐。一個能與之匹敵的近代的科學教師，實則犯有同樣的過失，他並非絕對無罪的。因此，普通人的批評，就算不夠完善，只要它能促使我們能常回歸到學校對社會的真正作用上，並強迫我們去檢查自己的教學是否符合生活的需求，那麼這種批評就是有價值的。

　　然而，「有用」這樣的標準並非能經常得以應用。拿數學舉例，大多家長對數學的用處還是非常有信心的。毫無疑

問，或許某種運用數字的能力十分重要，不管是誰假如他不會算帳，核計盈虧或查對銀錢找零，他時常會感到難為情。不過，除此之外，我們很難說明大多數人還需要比這更難更多的數學技能。拋開那些只對某些職業有用的幾何和代數，就連我們普遍學習的計算中比較深奧的部分，用處大嗎？一個普通人面對這個難題，通常都會這樣承認，儘管有的學習或許對生活沒有直接作用，但是，從「心理訓練」的價值來說，它們還是有間接作用的。不過，如果認可這個立場，教師就能完全陶醉在對形式主義的固執的嗜好裡。教室會教那些對拉丁文不感興趣的孩子們學習拉丁文，這是有可能的，因為，儘管學生們學完拉丁文很快就會忘記，他們會由此收穫「準確的思想」和非常難得的克服困難的勇氣。他也許會讓學生們花費更多令人不耐煩的時間去「簡化」那些恐怖的代數式，因為這樣能讓學生們收穫「準確的思想」。綜上，在一個清楚狀況的局外人看來，一切看似不合理的事情，他都有自己的理由繼續做下去。

這就是著名的「形式訓練」論。該理論認為，無論何種形式的智力練習如果做得純熟了，就可以在所有包含同種「官能」的練習中產生一定的能力。關於這一觀點的似是而非，亞當斯（Adams）曾採用歸謬法進行揭露，大家都愛讀關於這一論證的教育文獻。然而這個結論在經過多次精密實驗檢驗

後，卻證實毫無道理。但是，這個沒有道理的理論對教師們產生極大影響，這在許多尖銳的觀察者來看，卻又好像沒有什麼問題，如果說承認這個理論毫無根據是很難的。那麼，它究竟有什麼道理呢？

我們關於紀律的探究，似乎給了我們一個答案。像數學這樣的學科，彰顯著長久以來人們對某些特殊對象和問題而進行的智力活動的傳承。每個時代裡的人，都可能有自己突出的天才，曾對這些對象和問題加以研究。他們對前人總結的方法和知識接受、校正和擴充，並將自己獲得的勞動成果傳遞給後人，讓後人同樣的加以處理。久而久之，就衍生出一類特殊的智力活動，顯示了一種特別的個性，並且這種智力活動擁有特有的精神和風氣。如果某個學生徹底的受到這門學科的陶冶，就會將這種精神和風氣變為自己的精神風氣。這種精神獨特的觀念、心理習慣及理智的完整性，會成為他天性中根深蒂固的一部分，無論何時何地，如果有機會應用它們，他就會讓它們產生作用。舉例：一名律師，他在處理規章制度，或考量證據等問題時，無論這些問題是否是他的專業興趣，他都會呈現出自己在法律上獲得的訓練。就像英國醫學家哈維（William Harvey，西元 1578 ～ 1657 年）曾說起過偉大的培根（Bacon），認為如果讓大法官寫哲學的文章，結果仍然會像一個大法官。正如一個近代化學家，也

第九章　學校和個人

許會聽到他埋怨一個接受過物理學科訓練的同行，說他在鑽研化學問題的時候仍然像一個物理學家。

思想的歷史往往證實了同一個原理。舉例，因為全心致力於萬有引力的思想，牛頓會就將「天文學的自然觀」應用到所有他所研究的內容裡，所以奠定了近代分子物理和原子化學的基石。除此之外，我們甚至毫不誇張的說，18 世紀的思想家們，全都受到牛頓思想的影響，更有甚者用我們所說的天文學的思想來處理政治和社會方面的問題，正如後來的人們普遍受到達爾文主義的影響，用自然淘汰的生物學進化論觀點來處理政治社會問題。

所以，我們得到結論，透過一種職業或一種研究所獲得的訓練，首先在於能在某種情景下靈敏的應用某些思想和方法，同時養成一種篤定的精神，用同樣的思想和方法，解決任何與上述情況類似的問題。倘若在這個結論之上，加上我之前聊過的關於從情操中形成的品質的持久性，實際上讀者已經掌握全部關於「心理訓練」的經得起實踐的事實。

關於課程的觀點，我們如今可以做如下略述。一定不能將學校首先看作是學習某些知識的地方，學校是在某些形式的活動中 —— 例如，那些在廣闊世界中最大最有永久意義的活動 —— 獲得訓練的地方。所有活動會分成兩組。第一組是指保證個人和社會生活的條件用來維護個人和社會生活的

標準的所有活動，譬如保持健康和體態優雅、禮貌、社會組織、道德、宗教。第二組是典型的創造性活動，它是構成文明的牢固組織。這一組活動很容易分辨的。倘若將「藝術」和「科學」為代名詞的全部都清除，對人類文明來說將是多麼重大的損失啊！倘若詩人不再夢想和吟唱，倘若沒有人「鼓瑟吹笙」，倘若手藝人的雙手不再靈巧，那麼，人類文明會是多麼乏味的東西啊！

　　在學校課程中，這些活動全部都應有涉及 —— 在較為初級類型的學校中，涉及得容易和非正式些；在較為高級類型的學校中，涉及得較為充分些和正式些。由於這些活動展現了人類精神的偉大，所以，即使只將文明的運動平衡的維持在一個較低的水準上，任何年輕人的創造力量，也一定要接受和發展這些表現形式。先說第二組活動，每一個完整全面的教育計畫要包括：(1) 文學，最少要有本國最優秀的文學。(2) 藝術，例如最普遍的藝術 —— 音樂。(3) 手工勞動，也可以是著重審美方面，如紡織、雕刻和印刷，或著重建造方面，如木工、針織。(4) 科學，囊括數學以及數量、空間及時間的科學。而歷史和地理，在學校課程體系中帶有雙重性質。一方面，歷史從屬於文學，地理從屬於科學。另一方面，歷史、地理在課程中應占主體地位，因為它們是代表和說明人類運動的學科：歷史闡述現在和過去的關係；地理則

第九章　學校和個人

說明人類與自然環境乃至全世界人類活動的關係。

再聊第一組的活動，透過它們的性質判斷，無法當作「學科」來看待，儘管學生的學習本應刺激和培養這樣的活動，並且一定要有一定的教學來指導這些活動。舉身體健康和體態優美的例子，儘管從健康角度來說，學生理應從科學課程裡收穫關於健康和理想的知識；從體態優美角度來說，不僅包括要在文學課一部分的戲劇和演說練習中得到聲調、姿勢和風度的練習，還應有些舞蹈體操等律動課，然而，教師無法像教法文那樣來教會學生身體健康和體態優美。同樣，身為群體的一員，學生在行使自己義務的時候學習政府和社會組織的理想，儘管在歷史學科中對此有很多直接的影響。

關於宗教，至少肯定幾點。在學校的諸多活動中，任何部分都比「宗教訓練」令人滿意，大家幾乎都贊同這種看法。將這種結果推給學校是不公正的，因為它只是削減一切文明民族的精神力量的混亂迷惘的反映而已。然而，宗教的性質是一種人類的精神自然活動，在宗教和歷史尚未得到正確的分析時，在憑藉這種分析作為教學秩序的基礎已制定好並堅定的實施前，不可能補救這個災難。

宗教是一個大題目，關於它，只提出一點不成熟的建議，假如超出一定範圍，就顯得太傲慢了。在宗教裡，要區

分開兩種東西。一種是我們所說的宗教精神;另一種是神學,神學是關於引起宗教精神的對象的學科。任何激起自己宗教精神的人都無法避免接觸到神學。有時無神論本身或許也是一種宗教理論中清除上帝的宗教理論,這是有原因的,像拉普拉斯(Pierre-Simon Laplace,西元 1749 ～ 1823 年)的宇宙論,就不需要有上帝假設。宗教精神的重要象徵,是認可很多具有最高和普遍價值的對象,而這些對象理應受到我們的崇敬和供奉。我們可以感到,儘管因為我們個人的弱點和渺小,我們務必始終是他們「卑微的僕人」,可是,倘若回絕他們的要求,或對他們不盡忠,那就是可恥的、失去名譽的。因此,在投身真理或投身藝術時,或在為同胞服務中,都會展現出他的宗教精神。正如我們前面所言,這種獻身和服務的精神,是他無法拒絕的神的旨意,儘管每個人個性不同,它所採用的形式,也可各有不同。

宗教精神,正如我們天性中所有偉大運動一樣,全都具有社會的屬性。為相同理想服務的人們,就能集結起來,互相分享他們為之獻身的事業的溫暖,也會讓他們的信仰更堅定,傾聽或傳播他們的福音,進而收穫團結的力量。如果不具備這樣的力量,就無法在一個對立的或冷漠的世界堅守自己的觀點。因此,宗教精神都有屬於自己的教堂。不僅如此,哪裡有教堂,哪裡就一定會生成一種儀式 —— 帶有精神

第九章　學校和個人

象徵的一些常規。這些東西也許只是「宗教的配飾，是它偶爾的形式」，而宗教得以產生的根本原因是「這個恐怖的最終的事實，就是在意識上孤獨的人類」。概括起來，「宗教就是一個人如何面對自己的孤單寂寞」。不過，區別一種宗教和另一種宗教是宗教的信條，並且（引懷海德〔Whitehead〕的話）「當它們被真誠的信奉和生動的理解時，會產生改造性格的效果」，無論它們是否因為精神天才的灼見而產生，從它們發展的形式來看，明顯是社會的產物。

以這樣的觀點判斷，在學校開設的課程中，最重要的是文學，因為書籍奠定了人們心靈扎實的基礎。

書籍比所有東西都更具力量，來提高對生活意義和價值的認知，與偉大的人物接觸除外。基於這個原因，人們尊敬《聖經》，倘若將其單獨作為一本書看待，這樣的尊敬，是無法實現它的目的的。這看起來很可悲。由於宗教訓練的利益，讓《聖經》擺脫它當下所處的非自然的孤立狀態，重新回到書籍本身的價值，那種被大家認真閱讀和喜愛的目的中去，這是尤為重要的事情。假設我們不將《聖經》上的詩歌和故事當成是探討道德和闡釋神學的東西，就需要讓《聖經》這本書自己安靜接受人們精神的體驗，而當我們尤其渴望表達這種體驗的時候，如若我們只看到了《聖經》的內容，這種做法也是不對的。許多狂熱的基督教徒將柏拉圖的對話錄

當作自己信仰的文獻。關於在學校裡做「禮拜」的事，時常碰到的危險，正如華茲渥斯（Wordsworth）在他創作的一首關於學院教堂強制做禮拜的詩中沉痛指出的危險：

可曾知道，
有個無知的牧童，堅持要驅使
並不口渴的羊群，到那討厭的池邊？

這種危險，唯獨寄希望於無畏的、直率的研究不同年齡的年輕人的真實精神需求才得以避免。

當我們試圖進一步探討神學問題時，我們遭遇到極為困難的問題，也是最難處理得當的問題。這裡是沒有辦法調和的兩種政策。一種政策，覺得學校要透過某一歷史上的宗教團體獲取的所有，這種宗教團體具有悠久的經驗和傳統的信條與儀式。另一種政策，認為應該將引導兒童形成明確的神的來源的觀念這個責任交給教會和家庭的教育。關於這些彼此矛盾的觀點以及相關的調和看法，我們不予以討論。不過，我們務必要堅持，在這一問題上，就如同所有其他教育問題，我們向年輕人提出概念，只有當這些概念與年輕人實際的經驗和發展的狀況相配時，才能希望獲得成功。忽略這個原則，肯定會經常引發一些情結，在未來用一種仇視所有宗教觀念的形式表現出來，這是那些對年輕人始終懷抱信心的人所熟知的一種現象。

第九章　學校和個人

我們曾說，課程的所有部門都要作為活動來展開教學。這表示任何課程都有實踐和理論兩面性。在藝術和手工勞動課程裡，實踐的一面較為顯著；然而學會了解和賞析優美的音樂、圖畫和建築，學會評價木工和金工的技藝、針織和紡織的優雅、簡潔服飾的美麗，同樣也很重要。在科學方面，我們開設自然研究漫步、「魚塘打魚」、觀測學校水族館、校園和氣候記錄，以及常見的實驗室工作。在數學方面，為年紀較小的學生開設「童子軍幾何」，而給專家研究的便是需要有較高深的數學知識搭配的物理測定。文學的實踐方面可以讓學生自己為學校刊物寫詩、故事和散文，還可以創作劇本和演戲。地理可以與數學連結，有初級的測量和繪圖計畫，這對研究地方歷史有一定作用。概括來說，務必讓課程的任一部門，真正反映在學校生活這一世界的簡化版中所表達的創造性傳統的重要特色。

根據上述安排，學校科目自然分為不同階段，而這些階段又具有共同特點，又與各學科的歷史發展階段雷同。為闡述這個重要規律，我們將用磁和電的發展史為例，因為磁和電的發展階段劃分更清晰，同時大家又都熟知。在第一階段，發現「科學奇蹟」是一個明顯特徵，譬如天然磁石擁有神祕力量、模擬發光的發電機、賈法尼（Galvani）的蛙腿接觸金屬而抽動實驗、奧斯特（Ørsted）的因磁針通電而發

生偏轉。這裡，因為發現事物的新奇特徵而吸引人們去做更深入的研究。想起柏拉圖說過的一句話，我們將這一階段稱為「奇蹟階段」（wonder-stage）。到了第二階段，經過改造，進而為人類服務，它發明了電報、電話、發電機和馬達、電燈和運輸等等許多有實際用途的東西。因此，這一階段稱為「實用階段」（utility-stage）。最後是「系統階段」（system-stage），即研究一個能解釋全部電磁過程的通用理論——西元 1870 年，科學家馬克士威（Clerk Maxwell，西元 1831～1879 年）的偉大發明完成了這項探索，接著又開始包括相同三個階段的一個程序，赫茲（Heinrich Rudoph Hertz，西元 1857～1894 年）劃時代的發現電磁波便是起點。轉化成經典的「人文」科目的歷史科，要找到相似的程序，從遠古的英雄故事和傳說的階段，到近代歷史學家關於福音書的探索和哲學的探索，需要有些機巧。在美學的領域中，也從舊石器時代起就有關於圖案設計開始演進的階段。

在很多文化傳統中能分辨出的這種節奏，透過學生們對它們的回饋裡就能看得尤其清楚。確實，對怪異的、令人詫異的和真正讓人愉悅的東西感興趣，這是他們諸多智力探索的出發點，是研究和思考的最早刺激。一門優秀的自然研究課，它的成功就因為恰當的利用了興趣，而許多數學課的寡淡無趣是因為忽略了興趣。在低齡兒童的教學中一定不可

第九章　學校和個人

以絕對忽視興趣。不過，在中學階段，我們經常意識不到興趣的價值，這是因為，儘管奇異、實用和完善的體系三種動機，在整個課程和它每個部分的階段不同，繼而展現它們的色彩，可是，在任一階段，都不可以完全缺乏這三種動機。就算低齡兒童，對於他們學習的東西，也可以知道它們的用途，同時樂於發現事物彼此的關聯和雷同之處，而這就是系統的起點。再者，儘管中學的中年級以實用為主，系統階段卻需要到高年級才發展充分，不過，就算是最成熟的學生，他們的學習也應間或建立在新奇而動人的基礎上。

過早過渡到系統階段，從而忽略了較早的兩個發展階段，是中學傳統教學中很經典的錯誤。我們曾說過，在中學這個年齡，學生們對於世界具有強烈的好奇心，甚至達到熱愛的程度。學校應系統運用這種好奇心，同時將它時常當作教學方法的基石。聰明的實際哲學家科貝特（William Cobbett，西元 1763 ～ 1835 年），瞧不上當時的學校，他用這個原則教導自己的孩子——這比近代的「設計教學法」要提前一百年。科貝特讓人們意識到，倘若沒有一本園藝書籍的指導——他的大兒子將這本書讀了「不下二十次」——和一些運算知識，甚至沒辦法種好他們喜歡的一塊鄉村土地。他認為，一個孩子，在實用動機的促使下，也許能快速掌握比在學校學習一年還要多的東西。在數學、科學、地理、歷史

各方面，都有機會使用科貝特的方法 ── 這個方法，首先要面對一個實際問題，進而尋找解決這個實際問題所需的知識或原理。因此，研究電鈴工作原理，會直接涉及到電磁學的中心原理；研究一個海員或飛行員如何運用「僅憑速力判斷方位」進行推算，就要先學會三角的正弦和餘弦等。第一次世界大戰時期，有許多戰士，當他們謹小慎微的運送軍火從英國到阿克安格爾和黑海的時候，第一次意識到地理的實際用處；當他們想要了解波蘭和蘇聯之間的政治問題時，第一次意識到歷史的實際價值，並且他們這樣才能深切感受到孩子們在學校會受到的教學的用途。在藝術和勞動方面，儘管比較好運用實用原則，卻經常沒有足夠的信心。並非所有學校都可以像一些學校那樣，教堂用鑲板來裝飾，會堂用壁畫來布置，又或者能自己建造舞臺、裝置燈光。然而懷有同樣精神的小規模的事件卻是隨處可以做的，而且到處能讓各科教學提高到擁有高活力和高效能的水準。

假使系統原則沒有恰當應用，這也剛好印證了關於文法中學課程是「學術性」的怨言是有依據的。不過，這個原則具有重要地位，當下對這個原則持反對態度的（尤其在數學方面，因為這種原則在數學教學中危害最甚）很容易走向極端。抽象思維和普通概念，對文化的形成具有深遠的影響，倘若這些從教育中消失了，又或下降它們在教育中的地位，

都不是一件好事。系統幾何和科學中的概括，是很多學生接觸抽象思維及普遍概念的傳統方式，但是，如若「社會研究」課能夠涉及範圍廣一些，就能有很好的機會進行對話探討，這種探討方法，為求知欲極強的年輕人，打開了對人類幸福深刻意義的普遍真理的探索大道。

我們清楚，懷海德單獨創作一個和我們雷同的節奏法則，這件事聽起來很有趣。在他的公式中，以「浪漫」（romance）替代「奇蹟」，最終階段是「概括」（generalization），等同於「系統」，中間階段是「精確」（precision）。一旦我們顧及到，當我們了解一個原理怎樣運用的明確規律前，這個原理是根本沒辦法得到恰當應用的，這就很明晰，「精確」和「實用」只是整個節奏中同一階段的不同名稱而已。

這裡有一點需要補充說明，儘管我們在這個簡潔的討論中只能用普通「學科」的名稱來命名學校的不同活動，但是這並不表示我們完全認同傳統的「分科」教學模式。在嬰兒學校裡壓根沒有「分科」這件事。在幼兒學校中，也沒有超出「讀、寫、算（3R's）」的範圍──這裡需要透過練習來確保掌握基本學習工具。有一種說法，認為在小學階段和幼兒園，很多知識都是圍繞實物和「興趣中心」展開──孩子們就是這樣向一個淵博的父親或向巴羅牧師（Reverend Barlow）提出各種問題的，他們並非按照傳統的學校分科教學大綱來

發問。另一方面，在學生已接近「系統階段」到達學校高年級時，學生會有意識的按照主要的邏輯途徑，完成學校的學習園地，這看起來又很合適。但是，即使是在高年級，也應該只是將它看成是表述中學裡所提供的活動範圍，而並非要求全部學生務必共同學習的課程門類，也並非所有學生的所有在校期間一定要學習的課程門類。部分科目可以進行組合（比如，歷史和地理、數學和物理），只要組合說明對某一領域問題的探討有幫助。再者，部分學科（例如數學和科學），可以分為兩個並行課程，只講本學科的主要內容，將不必要的細節和所有技巧刪去，因為那種混合的辦法，對接受程度較差的學生造成一種負擔。然而，不管在低年級還是高年級，不管是一個大綱還是一個全貌，都要公正的代表這門學科，作為創造性活動的一個形式以及文明主要精神的一個表現。

我們不準備討論關於上述觀點的進一步應用。不過，最後還有一個普遍性的問題，不得不談。我們所描述的學校，是一個經過篩選的環境，在學校，青年得以在最好的條件下發揮創造才能，塑造個性。這種觀點，是否表示每一個學生都要遵從自己的心意，隨心所欲的從學校獲取什麼或摒棄什麼呢？果真如此，教育是否會變成違反常規的一個無政府狀態，足以摧毀一個人的性格而不是塑造性格呢？倘若並非如

此，那麼，我們始終如此堅定主張的原理，難道只是說得好聽嗎？

　　讓我們感到安慰的是，我們無須思考這個令人瞠目的難題的任何一面。「他將一切人類的東西都看成自己的」，通常這句話用在兒童身上比用在成人身上更準確。一個正常的兒童，具有強烈並多種多樣的欲求，他無法制止自己效仿別人事業的衝動。因此，想要讓兒童進餐，只要我們準備的精神食糧是經過恰當選擇的，並且擺放得很吸引人，那麼通常就沒有困難。這種觀點，尤其適用在閱讀、寫字和簡單計算──因為缺少這三種能力，近代世界已經給了許多懲罰，所以所有孩子都務必掌握它們。可能它們內在的吸引力無法吸引大家，但卻可以透過優良的教學，大大提高這種吸引力。其實，沒有任何學科，其實用動機能如此早期如此輕而易舉發展起來。隨著兒童年齡漸長，越來越多的正常化的因素產生作用：會因知識貧乏或成績不佳感到羞恥，會具有團體榮譽感，義務感，渴望取悅於老師並開始接受老師的觀點，完成已接受的任務的趨勢。最後，如果學生到達這樣的階段，在現存體制下，便認為需要進行專門化了，學生缺少毅力要透過兩方面得到控制：一方面因為他知道有的學科也許是無趣的，但這是他專業學習的必要組成部分。另一方面他找到自己心儀的學科，但是沒有其他學科的輔助，就無法

更進一步研究。舉例，一個醉心歷史或科學的學生，就會意識到如果不掌握一些外國語，他就無法進行深入研究。

然而，讀者也許會發現一種情況，如果一個學生，拒絕社會勢力迫使他學習的那些枯燥的課程。是不是只是因為他間或對一門主要科目感到乏味，就縱容他在對這門科目一無所知的情況下就離開學校呢？或許我們能透過另一個問題來解釋這個問題。這裡所預估的害處難道是現有制度下從未發生過呢？我們真有能力讓那些不自願的學生強制消化我們認為必須應該知道的東西嗎？這種打擊報復式的觀點一般是為了掩飾迴避問題的目的。我們要做的是正視問題，同時承認在我們理想的校園中，學生手裡就有最後的否決權 —— 儘管學生從不輕易行使這個否決權，或者不會尚未真正嘗試就對自己討厭的科目行使否決權。多一些考慮會讓情形不致太難堪。一個學生剛開始時不喜歡一門科目，後來通常熱衷於這門科目，並且快速彌補了之前的損失。然而，倘若他不願學習一門科目，十分堅決，那麼，只能知難而退，強迫學生的天性是沒用的。概括來說，如果我們認同不同類型的心智具有同等存在的權利，那麼我們就會看到，一個學生的興趣幾乎很少會如此反常，甚至對完成教育的重要功能的綜合性學習，無法提供一個基礎。再者，倘若一個離開學校的學生，卻依然沒找到智慧大門的鑰匙，這種情況對一個教師來說，

第九章　學校和個人

儘管是無法忍受的，但這種情感只傳遞專業的偏見，並不代表社會的普遍判斷。確實，如果不懂得很多事情在社會上是能夠容忍的，前提是在其他方面有自己的長處。在這裡，我們務必牢記兩件十分重要的事實：第一，那些反抗教師苛刻專制的策略的學生，有無數事實證明他們在日後的生活中擁有驚人的才能。第二，有很多人，其中包括對世界有卓越貢獻的一部分人，他們不僅不會對年少時候的倔強表示後悔，甚至仍然是舊制度的最嚴厲的批判者，對這個制度，他們以前曾一度反抗卻無效。

無論怎樣，因為兒童的天賦能力，各自具有不同的特殊才能和傾向，任何一種單一的教育制度都無法滿足全部兒童的需求，這是一定的。無論兒童的個性的形式如何突出，又或者如何卑微，只有在教育環境有利於個性發展時，兒童個性才可能獲得全面發展。基於這個原因，我們知道，一個開放的社會會為年輕一代開設不同標準、不同類型的學校，尤其是中等學校。然後每一個孩子都能找到最適合自己天性和需求的學校，而在這個尚待完善的社會裡，將盡量讓「教育機會」均等。最近，英格蘭和威爾斯採取了重大變革，就是以讓孩子享受均等教育機會為目的。不過，如若期望很快或很容易實現這個目標，那也太樂觀了。任何一個新制度的產生，主要都是一個舊制度的改造過程。不過，從根本上看，

舊制度是建立在社會分化的基礎之上的，而這種社會分化，用迪斯雷利（Benjamin Disraeli，西元 1804 ～ 1881 年）的話來說，讓我們分化成兩個民族。這是一項承接的債務（damnosa hereditas），它所產生的後果，只有在「兩個民族」具有統一的民族情感和民主觀點，同時在語言、主體文化以及和諧興趣等各方面都成為一體時，才可以在建立新制度的過程中得以解決。在尚未達到這個階段時，理想的教育制度只能繼續完美的在烏托邦裡得到展現。在那裡，任一教師都是擁有良好性格和天才的人；在那裡，幾乎不存在行政上的困難；在那裡，能準確判斷兒童的潛在能力；在那裡，學校是從未被派別特權所侵蝕、更不受派別和偏見所制約的社會機關。然而，這個事實與我們論點毫無意義，理想的真正價值就在於在當下可能的範圍外指明方向。唯一的問題，是它所指明的方向是否正確。關於這個問題一定要留給讀者來評判，讀者將判斷我們有沒有證明在第一章中概括的提出並且指明是牢固的建立在人和社會的本性與需求之上的立場。

如今我們就站在這樣的時刻，曾經教養著我們的文明，艱難的躲過了一場極大的災難，面對著未知的將來。這個未來，滋長著光芒萬丈的希望，然而它很清楚，這些希望也許是空頭支票的。它時常被恐懼包圍，同時又很難確認這些恐懼是否是真實的。它面對的問題很多，我們自己無望解決這

些問題。倘若說它們能解決的話，也只能由我們的後代去解決，而那時我們早已不在。因此，我們在本書中所討論的問題，並不是毫無實際意義。這些問題與所有那些人相關，他們選擇相信人類並非是環境的玩物，也絕不是命運的傀儡，他們相信自己的意志，一定可以發出命令，雖然緩慢卻毫無疑問會決定著「人類可疑的命運」。上述所有，很重要的一點就是務必確信，儘管我們的兒童尚且無法在與我們不同的另一個基礎上去開創一個更公平更合理的世界，但他們也絕非必定會重蹈我們的覆轍，除非因為我們自己犯下的錯誤產生這樣的後果。相信兒童具有自己創造的力量，這個力量，倘若適當給予鼓勵和肯定，耐心的給予指導，就可以將我們最好的東西進行改造。當走過暗黑的陰影，「世界的生活即將走進廣闊而充滿著陽光的高地」，變得比曾經我們目之所及的世界更加美好。

官網

國家圖書館出版品預行編目資料

英國進步主義教育運動代表珀西‧南恩的「教育原理」：天性和教養、自我的生長、模仿趨向、學校和個人，著名科學家不朽的教育思想 / [英] 珀西‧南恩（Percy Nunn）著，孔謐 譯 . -- 第一版 . -- 臺北市：崧燁文化事業有限公司，2023.03
面；　公分
POD 版
譯自：Education : its data and first principles
ISBN 978-626-357-154-9(平裝)
1.CST: 教育理論
520.1　　112000942

英國進步主義教育運動代表珀西‧南恩的「教育原理」：天性和教養、自我的生長、模仿趨向、學校和個人，著名科學家不朽的教育思想

臉書

作　　者：[英] 珀西‧南恩（Percy Nunn）
翻　　譯：孔謐
發 行 人：黃振庭
出 版 者：崧燁文化事業有限公司
發 行 者：崧燁文化事業有限公司
E - m a i l：sonbookservice@gmail.com
粉 絲 頁：https://www.facebook.com/sonbookss/
網　　址：https://sonbook.net/
地　　址：台北市中正區重慶南路一段六十一號八樓 815 室
Rm. 815, 8F., No.61, Sec. 1, Chongqing S. Rd., Zhongzheng Dist., Taipei City 100, Taiwan
電　　話：(02)2370-3310　　傳　　真：(02) 2388-1990
印　　刷：京峯彩色印刷有限公司（京峰數位）
律師顧問：廣華律師事務所 張珮琦律師

定　　價：330 元
發行日期：2023 年 03 月第一版
◎本書以 POD 印製